抱朴

抱
朴

安心之道

佛学通识十讲

成　庆　著

上海古籍出版社

图书在版编目（CIP）数据

安心之道 ：佛学通识十讲 / 成庆著. -- 上海 ：上海古籍出版社，2025. 5.（2025. 9重印） -- ISBN 978-7-5732-1614-4

Ⅰ. B94-49

中国国家版本馆 CIP 数据核字第 20252NG293 号

安心之道

佛学通识十讲

成 庆 著

上海古籍出版社出版发行

（上海市闵行区号景路 159 弄 1-5 号 A 座 5F　邮政编码 201101）

（1）网址：www.guji.com.cn

（2）E-mail：guji1@guji.com.cn

（3）易文网网址：www.ewen.co

上海惠敦印务科技有限公司印刷

开本 787×1092　1/32　印张 8.625　插页 2　字数 146,000

2025 年 5 月第 1 版　2025 年 9 月第 4 次印刷

ISBN 978-7-5732-1614-4

B·1454　定价：48.00 元

如有质量问题，请与承印公司联系

目　录

第一章
Chapter One

被误解的佛教

可笑寒山道，而无车马踪。联溪难记曲，叠嶂不知重。

泣露千般草，吟风一样松。此时迷径处，形问影何从。

——寒山

作为一位研究佛教史的大学老师,似乎会被人习惯性地归为"佛系"一员。而且在很多人看来,"佛系"必须具备一些显著的特征。曾有同学告诉我,来上我的佛学课之前,他们头脑里浮现出来的老师形象,要么可能会剃光头发,要么就是手持珠串,身着中式长衫。等到开课时,却发觉根本不靠边。

"佛系"一词及相关现象,从渊源而言大抵是来自日韩流行文化,如那张手持莲花的"无欲图"就出自著名韩剧《请回答1988》,而"佛系男子"一词更是直接袭自日本的流行文化词。无论其出自何处,在中国的语境里,"佛系"被解读为"什么都行,不必强求"的人生态度,当然这种态度会通过年轻人的再解读不断地变形,例如带有轻幽默色彩的"佛系"常会被诠释成更为消极化的"丧系"。

尽管作为潮流关键词的"佛系"与作为宗教形态的"佛教"并没有直接关联,但是这个从日韩回流的词汇被如此高频度地使用,虽然不无戏谑之意,却也让"佛教"的相关符号在年轻群体中无意间去敏化,成为一个日常生活中的用语与观念。从另外的角度看,"佛系"作为一个弱化的宗教词汇进入一般人的生活,也反映出当代社会某些精神生活的需求,我们可以称之为"日常生活的准信仰"。

"佛系"之所以被视为一种"消极"却又具有心理疗愈作用的生活态度,事实上和"佛教"的大众认知是有关联的。在中国人的日常生活中,虽然并无鲜明的建制化的宗教信仰,但是长期以来的三教融合的文化形态,使得一般中国人的宗教生活都不离"儒、释、道"的范围,在社会层面,宗教生活随处可见。尤其在"入世/出世"的观念形态下,儒家与佛教、道教分别扮演了入世事功与出世隐逸的角色,而在"建制化宗教生活"较弱的士大夫群体中,"佛道"常常成为事功受挫的避风港与依靠。

不过,今天"佛系潮流"的出现,其实反映出当社会进步到一定程度,年轻一代人的精神需求已经悄然出现某些转变,那么他们对于"竞争""内卷"的消极应对究竟要回应的是怎样的精神议题?

多年前,我还在某国营电信公司做一名普通的电信工程师,对周而复始的职场节奏感到厌倦,辞职来到上海,在浦东写字楼里当着财经媒体的编辑,每日码字审稿。人生前景称不上光明,但也是标准的白领生活。每日通勤上下班,写字楼里辛苦码字,周围的同事则大多关心的是加薪和跳槽,那时候媒体热钱大量聚集,媒体人对未来都充满着希望。偶得空闲,寻一家咖啡馆小坐半日。

这样的生活方式很主流,很"小资",没人会认为你的人生道路有什么问题。

但是人生难免有生老病死以及种种的不如意,我们的努力也有遇到瓶颈之时,自然会思考这短促的生命究竟有何意义,不过周围的人大多觉得这样的问题本身是无意义的。欲望中生存,欲望中湮没,仿佛是我们的宿命。

欲望当然有一万张可爱的脸,但是却并非人人都天生喜欢那粗浅的满足,更何况今天的年轻人,生长于消费主义时代,当年我们闻所未闻的事物,对于他们哪一件不是稀松平常?光靠这些浅表的身心欲望,已经很难让他们充满动力。

在今天这个"欲望"的转型时代,中年人眼中的"欲望",可能是实实在在的财富、子孙绕膝的满足,而年轻人,生活在消费主义时代,吃喝玩乐本就是平常事,浸泡在欲望海中,可能也会对粗浅的欲望产生厌倦。因为这种"过度满足"的疲倦,反而让他们找不到生命的实在感。毕竟赚钱、购房、生子、"鸡娃"、择校、补课、进重点、考入985/211、寻高薪,这样的"内卷"轮盘,只要稍微思考一番,便觉得是命运的重复。所以"佛系"的所谓消极性,其实是因为他们在这些被许诺的欲望目标面前,已经开始产生怀疑,又寻找不到另外一条具备不同生命内涵的道路方向,才会有所谓"集体躺平"之说。经济发展几十年,几代人对美好物质生活的向往,也支撑起他们的人生价值观。而在今天,这条道路似乎已经走到了瓶颈。

十年前,我计划从近代思想史领域转向佛教史研究,一是因为学术研究兴趣的变化,再则是对佛理产生浓厚兴趣。朋友们不明就里,甚至会拐弯抹角地善意劝告:对于佛学不要太过沉溺。似乎认为只要和佛学扯上关系,就是在精神上遁入"空门",开始逃避社会,甚至还会调侃:"可别学李叔同!"

关于李叔同的出家,坊间流传的高光片段无疑是他在西湖边告别日籍妻子的场景。那幅被想象出来的场景被众多的作家渲染成浪漫与绝情并存的动人时刻。不过,多数人虽偏爱李叔同,却对弘一大师心存疑虑。在他们看来,西湖边的那场告别既"无情",又"绝情",间或称誉一二,也只不过是碍于李叔同昔日在俗世文艺界的赫赫名声与其价值日增的翰墨作品。至于弘一究竟因何而伟大,少有人真正理解和深入探究。

所以,当"佛系"一词乍出时,我多少对其略有微词,因为在我看来,那其实多少扭曲了佛教的真实内涵。之后的舆论滚滚,又让我看到这个社会对佛教的某些普遍且深层的误解。

首先是佛教对待欲望的态度。佛教当然怀疑世俗的欲望,平常人孜孜以求的那些内心蠢动,固然可以让我们短时间感受到身心欢愉,但是佛教却认为,那并不能消解背后的巨大的人生之苦。简单而言,那些得来容易的欲望之乐,来得迅速,消失也不过倏忽之间。更为关键的是,追逐得失之间的盘算计较,令人身心疲惫。一面想要获得快乐,一面却无时不面临失去之忧虑,不安心境的循环,似乎永无尽头。

不过佛教眼中的"怀疑欲望",并不是在道德的层面树立卫道士的形象,而是试图从生命真相的角度去思考,人生苦乐背后运作的原因和逻辑究竟为何? 我们有没有可能超越这样的恶性循环? 所以,佛教的目标虽然是从怀疑世间的欲望享乐开始,但却是想要去寻找人生的精神出路。

当然,这样的寻找,要经历一个漫长的怀疑和内省的过程。这样的内省,并不是放弃现实的生活,而是去反复审视我们所追求的那些东西是否真的具有约定俗成的价值与意义。唯有经过这样的自我反省,我们的人生或许才有可能走出一条新的道路,因为过去几十年依靠欲望消费主义所催生出来的价值观,已经不足以支撑起我们的全部生命想象了。

从这个角度看"佛系",似乎危机中孕育的又是某些转机。

佛教从东汉年间传入中国,至今已有两千余年,照理说国人并不陌生。但是出于各种原因,发源于印度的这股思想洪流,经过漫长的岁月渗透进华夏的文化土壤中后,某些最有价值的思想却反而成为涓涓暗流;而在表层最为显眼的存在形态,要么肤浅,要么扭曲。当然,这并非是佛教独有的现象,传统文化中的儒、释、道等,今天其实都要面对再学习、再理解的问题。

今天对于佛教的了解(也包括道教),要么是各种文学、影视作品的浮泛描述,要么就是网络上的各种"段子"。如果按照传统的讲述方式,恐怕大部分人都难以得门径而入,复杂拗口的佛学名相与繁杂陌生的佛教史,与一般年轻人的日常生活距离太过遥远,很难激发他们的兴趣。

不过年轻人谈论起佛教,也常让人感觉脑洞大开。比如有人会觉得佛教充满神秘情调,与鬼神世界有关,所以他们通常更喜欢在各种改编的文学作品中去了解佛教,比如最近流行的 3A 游戏——《黑神话:悟空》,就充斥着大量佛教元素,更能吸引年轻一代人的眼球;有人会因为观看《俄罗斯通灵之战》这一类综艺节目,便想来佛教课程上一窥"幽冥"的奥秘;有人则是多少受网络段子影响,也想了解一下禅宗的"口头禅",感受一下"本来无一物,何处惹尘埃"的机锋缥缈。

　　更有趣的是,有一些年轻人还曾向我抱怨,每当他们阅读佛学书籍时,周围的同学还会投来奇怪的眼神,似乎是认为,"佛学"不是玄学吗? 怎么能成为一门学问? 甚至还会过来关心一下:"你到底怎么啦?"而当问起他们所理解的佛教,他们多数会谈到自己去寺庙烧香祈福的经历,在他们心中,佛教基本上等同于"玄学"和"迷信"。

　　这些情形可以总结为佛教今天给人留下的主要印象:一是"祈福玄学化",二是"心灵鸡汤化"。

　　人类的祈福行为,一开始就与祭祀密切相关。当人类感受到世界的不可掌控时,对于自然、人事的运行及其关系就会产生各式的理解。在多数的文明形态中,最初多会将问题的解决指向自然神灵等超越性力量,因此借助祭祀神灵来达到禳灾避祸的目的。而中国的民间祈福,主要是儒、释、道三教在漫长的演变过程中沉淀下来的某种民俗。最常见的形式,就是手持香烛在寺庙、道观中作揖祈愿,然后将其供奉于香炉烛台之上。当然还有在神像前供养钱币、掷筊等等,都是依各地风俗而演化出来的不同祈福形态。

　　从某个角度而言,我们其实不必过度苛责这种祈福心态,那只是人对不可知的命运产生的一种发自本能的期望,是对生命幸福感的朴素追求。一般人其实无暇思考,端坐在高台上的佛菩萨以及各路神灵,到底如何回应他们心中的祈求。他们的至诚祈愿，其实只不过是来自对人生不确定性的敬畏，希望通过祈福去补全"谋事在人，成事在天"的最后一块不确定的拼图。这来自生命的深层不安感，因为只有当人们体会到命运的不确定性时，"祈福"才会具备如此的吸引力。

从另一个角度看，"祈福"又像是一种社会心理的自我疏解。在今天充满竞争性的氛围里，我们虽然享受了前所未有的物质财富，但是也同时打开了相互攀比与追逐欲望的潘多拉魔盒。我们不再是尝试学习"知足常乐"，反倒是不断试图借助更多的财富、名位来获得内心的满足，所以才会越内卷，越焦虑。只要我们心存压倒他人的想法，就会生活在永远不能彻底如愿的焦灼之中。走入寺庙，以香火去换取神灵对于个人欲望的加持，背后其实折射出的是永远无法满足的内心渴求。

那么，烧香祈福为何无法代表佛教？

从宗教学角度来看，佛教并非是西方宗教意义上的"有神论"。在佛教的宇宙观中，存在佛、菩萨、阿罗汉以及天道诸神乃至鬼神非人的"生命谱系"。比如在佛教宇宙观中，最基础的时空就是三界（欲界、色界和无色界），在三界的时空中，有所谓的"天人"生命形态，可以类比为我们一般认知意义上的神灵。但是佛教和其他宗教最大的不同之处在于，它认为宇宙中并不存在一位绝对的造物主。也就是说,这些神灵虽然和人类在能力、形态等方面有很大差异,但却不具备对万事万物的主宰性。

对于佛教而言,佛陀作为"觉悟者",和造物主的区别主要在于,他不是全能之神,宇宙当然不是由其所创造,众生也并不由他所主宰,就算是佛教心心念念的所谓度化众生的终极目标,其实也不是由佛陀说了算,因为那也要依赖人与人之间的"缘分"(因缘)。按照造物主的设定,宇宙的一切尽在其掌握之中,为其所创造和主宰,被拯救者并没有任何的话语权,一切都是造物主说了算。而在一般民间信仰中的神灵,或多或少具备一些超自然能力,例如预言福祸、改变运势、消灾赐福等等。这些"神力作用",也就成为民间信仰中津津乐道的"显灵",但这些能力的局限其实也一目了然,并非无所不能。

如果祈福就是祈求一个无所不能的神灵来护佑,那么这和佛学的基本逻辑是相悖的。佛陀与凡人的不同之处仅仅是,佛陀是一位觉悟者。他虽然拥有圆满的智慧(全知),了解世间万物发生的来由与去向,也能依照合适的因缘去帮助他人同样达到觉悟的境界。但和全能者不同的是,佛陀无法凭借一己私意,强行达到其目的。比如在佛教经典里记载道,当年曾受过释迦族人羞辱的琉璃王,要出兵前去攻打释迦族,佛陀努力尝试消弭这场战争,但却最终无功而返。这便透露出佛陀的鲜明特色——他更像是一个人间的智者，甚至在某种程度上和孔子的形象颇为类似。虽然佛陀面对无法挽回的家族命运时，并不像孔子那样"累累若丧家之犬"，但至少他并没有表现出无所不能的超人形象。从形象上看，佛陀其实更接近中国文化中的先贤——行走在人间的"师者"。

佛教与一般的民间信仰到底有何差别？简单来说，佛陀看到人世间的苦与生命的不圆满，试图通过修行获得生命解脱的智慧。佛教强调智慧的作用，所以有"依法不依人"的说法。"法"指的即是佛陀所觉悟的真理，"不依人"，显然就与各种民间流俗的偶像崇拜划开了明确的界限。此外，民间信仰多关注人生世俗层面的福祉，如财富、地位、姻缘等等，而将佛菩萨以及各种神灵视为可以依怙的神秘力量。而且民众多以佛寺、道观为依托来进行祈福，并不会特别区分佛、道的差异。这种信仰的杂糅与暧昧特色，是儒、释、道三家长期以来在华夏之地并存共生的结果。这也使得佛寺因为种种历史因缘，不得不承载各种信仰的动机与需求，佛教的本来面目因此显得暧昧难辨。

不过，今天的人们多会把佛教冠以"出世"的标签。这种对"隐逸"的想象，所产生的认知图景深入人心，僧人逃避尘世而隐逸深山之中，或是青灯古佛，或是林间水下，将深山古刹当作远离红尘的寄情之所，在寺庙小住几日,似乎就能满血复活,"元气满满"地回到红尘,继续追逐自己的人生目标。

这样的想象真的正确吗?

我们稍微回溯一下佛教的历史。从印度佛教开始,僧团基本都是与城镇毗邻。在佛陀时代,僧团每天都会去附近的城镇托钵乞食。而中国的寺庙也并不局限于山林之中,尤其是在隋唐时期,寺庙常常位于都会集市之中。僧人不仅借此与社会保持着日常的联系,也扮演着日常教化与慈善事业的角色。

因此,佛教并不必然倡导离群索居,虽然佛教也有某种意义上的隐修,但总体而言,佛教的修行一直是与社会、人群相融合的,所以古来长安、洛阳、金陵,皆是伽蓝密布之地,不仅影响达官贵人,而且也让庶民大众受到道德劝化和文化上的熏染。

例如唐宋时期寺庙的悲田院,就是朝廷委托寺院办的收容所,分布在京城和各州州县,主要收容老病残疾之人,甚至包括一些乞丐。僧人也往往利用他们的医术特长,为民众看病医疗。至于每年"盂兰盆节"寺庙所举办的报恩超度法会,则更是佛教用以鼓励孝行的流行做法,满足人们报恩尽孝的心灵需求,并且通过供养布施,鼓励大众去做种种的善行。

所以,佛教在中国的历史上,与社会一直保持积极相关的联系，扮演着救济、教化等重要的角色，但因为历史原因，这些功能慢慢衰落，乃至最终不彰，以至于大家会觉得，僧侣们多是与世隔绝、不问世事的，乃至是寄生于社会中的。

因此我们往往会觉得佛教就代表着对世俗社会的逃避，而没有看到佛教入世的那一面。从教理层面来讲，大乘佛教本身就具有菩萨的救度精神，也就是要积极地面对人群、利益社会。例如晚清之际，康有为、谭嗣同、章太炎等士人，其实都受到佛家菩萨道精神的影响，甚至不惜牺牲生命而为社会谋求福祉。这与我们现在所理解的"佛系"简直大相径庭。

每次上课，其实我都会面对这样的提问："佛教的出家是看破红尘吗？"

可是，大多数人所谓的"看破红尘"，只是害怕与讨厌现实生活而已，那么佛教中的积极入世的菩萨精神这一面又要如何理解呢？

所以在我们的文化中，佛教往往变成消极的自我安慰，最终演变为一种不知其所以然的"心灵鸡汤"，或者是泛神秘主义化的鬼神信仰。而且在我们的微信朋友圈、微博上，充斥着各种似是而非的"禅语"，我们或许也能通过这些片段的语句，获得一些心灵的抚慰，但其实根本不了解背后的深层哲理。

当然，如果有人想要真正了解佛教的"本来面目"，的确也并非易事。就拿中国人常接触的《地藏经》《心经》《金刚经》之类经典而言，虽然文句表面还算浅白，但要想把握其含义其实相当困难。以《地藏经》来说，其中所描述的种种"异度空间"（忉利天、地狱等），就会让人很难理解那到底是真实世界，还是某种神话隐喻；而类似《心经》《金刚经》这样的经典，乍看起来充满哲思，其逻辑却又不合常理，往往让人看得不知所云。比如"凡所有相，皆是虚妄。若见诸相非相，即见如来"，读起来虽觉文意玄妙，但想准确理解，无疑也颇具难度。

记得最初接触《金刚经》时，我虽然对佛学有着强烈的好奇心，一再勉励自己要通读到底，却常常无法达成目标。经文文字不难，也字字识得，但全篇读毕，却常常不知其理路，让人有强烈的挫败感。佛经的思维方式与话语形式都是我过去受到的教育里所未见的内容，当中的直接原因是我们对于佛教的思维方式已非常陌生，佛家思想早就基本消失在主流文化视野之外了。

一般认为，汉传佛教从明清以来逐渐呈衰落之势，晚清时局大变，佛教也连同儒家、道家一起，都被视为守旧的文化糟粕。不过墙内开花墙外香，从 20 世纪上半叶，也就是二战之后开始，欧美世界掀起了一股学习东方文化的热潮，而背景正是年轻一代对于父辈所谓"中产阶级价值观"的反叛。当时流行于美国的日本禅宗,正好符合这一群"佛系嬉皮士青年"的精神需求,其中包括所谓"垮掉一代"的文学代言人——金斯堡和凯鲁亚克,还有著名的《4分33秒》的作曲家约翰·凯奇以及大名鼎鼎的乔布斯。而在这一波面向西方介绍"禅文化"的浪潮中,日本禅学者铃木大拙、曹洞宗僧侣铃木俊隆可谓是代表人物。

铃木大拙在东京帝国大学哲学科就读时,对参禅产生浓厚兴趣,常常独自前往镰仓圆觉寺,跟随当时的名僧——今北洪川参禅。今北洪川不久圆寂,铃木大拙继续跟随宗演禅师参禅,并有了一些心性体验,相比较同在圆觉寺参禅而不得其"门",最后却把这段经历写成小说《门》的夏目漱石而言,铃木大拙无疑在禅宗修行方面具备高度的领悟力与专注力。

1897年,铃木大拙在宗演禅师的支持下,前往美国协助保罗·凯拉斯从事有关东洋学的译介工作,不仅翻译了《道德经》与《大乘起信论》,而且也逐渐开始熟悉欧美佛学研究的风格,所撰写的英文版的《大乘佛教概论》引发了西方学术界的关注,也从此开启了对西方世界介绍禅佛教的生涯。

铃木俊隆是日本曹洞宗的禅师,从小就开始学习禅修。12岁拜入静冈县藏云院玉润祖温禅师门下,成为他的弟子。后就读于曹洞宗所属的驹泽大学,并且在1930年毕业后,还前往曹洞宗大本山永平寺、总持寺修行。在二战之后,他孤身一人来到美国弘扬禅法,面对的是对佛教一无所知的西方人,但是他却以一种非常直接的方式将禅的思维传递到这些西方人的心里,《禅者的初心》就是他面对这片新大陆所开创的崭新的教导。

他们带给西方世界的"禅",到底是什么? 一种文化? 一种哲学? 抑或是某种我们也并不熟悉的内容? 而就在20世纪初,新文化运动的代表人物胡适曾与铃木大拙有一场非常激烈的禅学争论,胡适对铃木大拙的主要批评,就是认为他所论述的"禅",乃是一种非理性化、非知识化的神秘经验,与现代西方知识发展方向完全背离。但有趣的是,铃木大拙在西方暴得大名,也正是因为他使用了西方人所能理解的哲学、宗教话语来解释"禅"。而铃木俊隆则更是聚焦在禅修实践的教导方面,而并非是传播所谓"禅"的知识。

对于铃木大拙而言,无论在表达形式上如何西化,甚至以英文直接写作,他对"禅"的阐述都完全建立在佛教的思想基础之上,并且利用佛教的观念直接回应西方世界所弥漫的那种怀疑、批判乃至反抗主流价值的精神吁求。所以也就不难理解,为何许多心理学家,如弗洛姆、荣格等人,都对铃木大拙的思想有极大的兴趣。现代心理学对于西方理性主义思维传统而言，长期以来其实都扮演着消解、挑衅和怀疑的角色。就如同荣格在为铃木大拙《禅学入门》所写的后记中所谈到的，那些满足于理性分析的西方精神分析师会看到，"所有理性主义的化约论，在面对不断变化的生命时，是多么地空洞而肤浅"。因此，我们或许可以这么理解，铃木大拙等人其实是站在西方文明反思者的立场上，用"禅"的观念作出了自己的回应，并且试图去疗愈西方文明的深层问题。

西方的现代文明在取得巨大成就的同时，也给人类的精神生活带来巨大的空悬感。因此，"禅"进入西方，并不是一般意义上的文化交流，"禅"在西方世界的出现与被接纳，其实是与"禅"对身心看法的特色有关。当我们的精神越来越追逐物质时，"心"开始变得躁动虚浮，人渐渐失去贴近大地的稳定与平和。现代文明中因为存在这种"知识至上"的理解，导致现代人的生活越来越概念化与抽象化，表面上我们和"自然"没有分离，但是我们的精神却已经高度异化。

但是，身处禅宗发源地的当代中国人，在某些方面对于佛教的理解反而是陌生而肤浅的。流行于民间的那种以道德劝善为主流的认知方式，长期以来忽视佛教的哲思内涵及其内在蕴含的生命体验，使得我们有时候都无法明白，我们身体里所流淌的东方思想血液，对于现代世界的人类其实具有重要的启发作用。

或许,悠久的传统,对于一个沧桑的古老文明而言,可能往往也是某种包袱和重担。

因此,在今天这样的时代背景下,如何通过浅白而直接的方式介绍佛学的核心思想,是我这十年来一直思考的问题。这本小册子则是我根据在大学中所教授的一门通识课程的主要内容,然后结合大众对于佛学课程的需求,所撰写的一本通识读物,其特色是采用专题的形式,将一些重要的哲学问题与日常生活经验结合起来,并且还会使用一般人所熟悉的电影内容,最后以佛学的基本观念引入思考与分析。

这样的尝试当然具有风险,但是我相信,佛学的普及教育应该顺应时代潮流,佛教的智慧不能沦落为浅俗的民间信仰,更不能只停留在祈福、消灾的层次,但也同样不能高悬为阳春白雪般的经院理论,而是要通过当代人的生命经验去激活它。

当然,这只是一本佛学通识读物,并不是传统意义上的教科书,更像是一本观念的导览手册。借助对一些佛教核心观念的提示,让想了解的朋友们能够手持一张"游园指南图",迅速地寻找到进入佛学思想的钥匙,以及在这个"思想花园"里有哪些值得驻足观看的核心景点。如果您对于佛学的了解还处在道听途说的阶段,这本书或许会有一点启发作用。

但需要提醒的是，真实的佛教智慧并不是按部就班的理论知识体系，尽管它可以用体系化的理论形式表达出来，更重要的是，这样的智慧始终面对的是真实、活泼的现实生活，所以请读者们暂时悬置过往对于知识学习的先入之见，而要将其和我们的日常生活融合起来，让它成为真正照亮生命的智慧之光。

第二章/
Chapter Two

悉达多的苦与自由

太子见老、病人，知世苦恼，又见死人，恋世情灭；及见沙门，廓然大悟。

——《长阿含经》

一、古印度的精神世界

印度因为受到雅利安人吠陀文化的影响，逐渐形成后来的婆罗门文化。早期婆罗门多强调咒语、仪式，通过祭祀与自然神祇进行沟通，看重特别的神秘体验。所以早期印度《吠陀》经典多涉及祭祀的内容。一般祭祀包括"供养""赎罪"与"求福"这三个目的。凡此种种，皆是早期印度人处理"人神关系"的主要观念。直到《奥义书》出现，印度思想正式进入到思辨性的层面，慢慢演化为一种理智性的宗教思想。用日本学者常盘大定的说法："《吠陀》《梵书》和《奥义书》这三种文学对待神的态度也不同。用一句话概括三种文学对待神的态度就是：《吠陀》中，人供奉着诸神，对真神只停留在想象的阶段；《梵书》中，人利用诸神，供奉的是真神；而《奥义书》中，人已经无视诸神，直接到达供奉真神的阶段。"而这里的"真神"其实指的是世界之精神。

在社会层面，经过漫长的发展，印度逐渐形成牢不可破且一直延续的种姓制度。最初种姓制度的出现或许只是为了区分印度民族和非印度民族，即雅利安人与印度土著居民。但渐渐地，在雅利安人中间，也逐渐分化为婆罗门、刹帝利、吠舍三种不同的种姓，而印度土著则演变为首陀罗，受人歧视。精神的话语权与祭祀层面由婆罗门垄断，刹帝利则主要是世俗权力的拥有者。婆罗门、刹帝利、吠舍可以转世，而首陀罗却连"轮回再生"的资格都不具备。婆罗门基本上借由《吠陀》控制整个社会，充当精神祭司，不仅主持着各种祭祀仪式，还与刹帝利种姓共同垄断社会的权力。

从上古以来，祭祀一般都是由专门的神职人员和宗教人士来担任，如殷商负责占卜的"巫"，基本上都属于官方祭祀。随着东汉道教、佛教的兴起，民间祭祀也逐渐兴盛。比如五斗米道的符箓、咒祝之法，就有让病人饮用符水，并忏悔罪过的形式。佛教初传华夏时，因有设斋供僧的需求，"请僧设供，同于祠祀。起坐威仪，略无规矩"（《佛祖统纪》），因此佛教汲取本土斋醮的形式，同时依佛教自身的特色而演化出种种法事仪轨，其中最著名的，就是汉传佛教中的水陆法会。不过这些仪轨本意并不是祈求神灵、得到保佑，而是蕴含了佛教特有的"供养""讲法""诵经""布萨"①等功能需求。但是对于普通人而言，当他们看到此类仪式活动，似乎感觉出家僧侣在通过咒语、仪轨跟神鬼界进

————
① 布萨，一般指比丘或比丘尼每半月集合说戒并忏悔的活动，在家居士受八关斋戒也可称为布萨。

行某种交感互通,甚至可以利用神力超度亡魂之类,故多将佛教法会视为祭祀一类仪式,甚至连部分出家僧侣,也会对此有所误解。

不过,佛教的本意不是关注神灵的祭祀与佑福,而是以种种仪式来作为修行的方法,借此来调伏"心",以此达到安定与体悟智慧。从这点来说,今天寺庙所举行的法会,多以超度冤亲债主为噱头,而远离了佛教的主旨。

数年前,我在台湾进行学术访问,在法鼓山现场观摩了一场盛大的水陆法会。水陆法会,又名"法界圣凡水陆普度大斋胜会"①。最初我也颇为不解,何必要用这样流俗的祭祀活动来吸引人呢?后来在参与的过程中才发现,这里不仅把水陆仪轨中许多不符合佛教义理的内容都剔除出去,而且还规定参加者要用修行的态度与方法去面对。当时看到很多参加者是社会的精英人士或其家属,他们没有表现出任何的懈怠与不满,而是以非常认真的态度来参与,身心也很安宁,殿内的气氛庄严肃穆,和一般所看到的法会差别很大。

因此,虽然佛教进入中国之后,借用和转化了本土仪

---

① 水陆法会,佛教用以给水陆六道众生施斋供养、救拔超度的仪式。相传为梁武帝曾梦见神僧以此仪式救度众生,因此从佛教经典中寻找相关内容来制作仪轨,由此形成水陆法会的传统。后法会仪轨依时空不同多有差异,但水陆法会却成为汉传佛教最为人熟悉的法会形式。

式，但并不一定就代表它们在宗教内涵上是完全一致的。在佛陀时代，以《吠陀》经典为主导的婆罗门，也有大量的祭祀仪式，而佛陀所代表的僧团恰恰是要反对这种祭祀主义，回归到平实与理性的修行生活。但是当佛教传入中国之后，为适应此地的民俗与文化，佛教则会借用这些仪式来传播佛法。

例如在今天所见到的流俗场景中，斋主给一点钱，雇佣一些僧侣敲敲打打，超度亡灵，如果当事人不理解修行的本质，那么整个过程只不过是祭祀仪式而已，和佛教的主旨已经没有干系了。当然我们也可以从历史的角度去寻找原因，比如明清以来，官方只容许一些从事经忏的僧人进入百姓家中进行超度、祈福，而专注修行的禅僧和讲经僧，则被限制在寺庙中，不能与民间有充分的接触，这也使得佛教的超度仪式沦为纯粹的祭祀活动，而不能反映佛教的真实意涵。

回到印度，当侧重于祭祀性格的"四吠陀"经典出现之后，慢慢又发展出拥有更多哲思色彩的《奥义书》系统。简单而言，《奥义书》就如同升级版的《吠陀》，如果说《吠陀》比较强调祭祀仪式，《奥义书》强调的则是哲思性的智慧。《奥义书》的思辨加上瑜伽（yoga）的方法，使得修行者可借助修行实践，体验到意识可以与某种宏大庄严的宇宙精神融合在一起，从而提出"梵我合一"的理论。

简单而言,"梵我合一"的理论认为,生命都有一个真实的精神本质,称之为"真我"。这样的"真我"其实是和宇宙精神的"梵"一致的,"梵"即是宇宙的本原。这种"梵我论"的背后,假设存在一个真实的"我",但不是栖居在肉体内的那个"小我",而是跟宇宙万物合一的"大我",修行的目的就是让自己最终回归到与"梵"合一。

《奥义书》传统也同时发展了《吠陀》经典中的轮回思想。轮回思想的关键,是认为生命不会消失,而会以不同的形态不断循环流转与受苦。正是出于这样的前提,才让解脱成为生命的迫切需求。而《奥义书》所开展的目标,就是要体验到"梵我合一",才能得到真正解脱。因此,以智慧去获得觉醒,脱离苦海之轮回,成为印度思想非常重要的特点。

除此之外,轮回观念其实还涉及一个核心问题,那就是生命的因果律问题。

大多数人大概都会部分承认自然界的因果律。比如要了解为何我现在是这个样子,可以回溯到父母的基因、自己后天的努力以及环境影响等种种因素,这基本上就是一种因果律的推导。当然还有一种否定因果律的说法,强调一切事物都是偶然产生的。你变成现在的样子,完全是偶然的,是不能追溯原因的。从某个程度上来说,概率论也只是因果律的一种变形而已,只不过它以概率的方式保留了自由选择的可能性。

在印度的早期思想中，有一类看法并不承认因果观念，认为一切事物都是无因无果的。而在《奥义书》里，则出现了明显的"业力"观念，也就是认为今天的生命状态其实是由过去的"业力"所导致。简单而言，我们长成今天的样子，如高、瘦、美、丑，其实都是过去的生命行为所导致的结果，这就是"业"的观念。值得强调的是，"业力"并非是佛教独有的看法，而是在之前就已经出现了。

这些便是《奥义书》以及当时其他沙门的主流思想，即"梵我""业力"以及"轮回"的观念。但是要注意的是，我们不能把这些观念仅仅当作一种纯粹的思辨，在印度存在非常重要的内省静思的精神实践传统，印度人是通过发达成熟的沉思冥想技术去体验他们所认知的真理，与他们的生命牢牢结合在一起。

印度的禅修（或称为冥想）其实就是通过一定的方法让身心安定下来，心念专注，对于深层的意识就能够观察得更为清晰，甚至还会有一些平常难以体会的身心体验。其实这种意识体验往往只是一种超越现实经验的感受，但有时候常会被认为是一种神秘主义的宗教经验。

在宗教学领域，"神秘主义"常用于理解一些尚无法被人类解释的意识现象，如德国著名宗教学家鲁道夫·奥托（Rudolf Otto），就曾用"神秘主义"来分析东西方宗教的一些超自然的神秘经验。著名的犹太思想家马丁·布伯曾编辑过一本名为《狂喜的告白：神秘主义的核心》（*Ecstatic Confessions: The Heart of Mysticism*）的著作，在书中将佛教、苏菲派、新柏拉图主义、诺斯替主义以及中国的道家与犹太教的哈西德主义都归类为神秘主义，其实是强调这些文明都拥有超自然的意识经验传统。当然，各宗教对这种意识经验的诠释则各有不同。比如神本论（西方宗教）和缘起论（佛教）就形成了巨大的解释分歧，前者更侧重神人交感，后者则认为这不过是心意识的幻象而已。

佛教的修行实践非常关注意识层面的修行技巧，这当然主要来自印度人发展出来的传统。简单来说，就是用一定的姿势和方法让自己的身体、呼吸与心灵慢慢聚焦在某个具体对象上，这称之为"止"（奢摩他）；然后用集中而专注的心观照念头的运作，这称之为"观"（毗婆舍那）。在这个过程中，常常会出现一些与平常不同的意识体验。但是佛教并不将其视为"神秘主义"，而是认为背后有其逻辑，可以解释与说明。

随着印度思想的发展与多元化，开始出现一些所谓的"自由沙门"，或隐居山林，或聚众修行。今天我们常用"沙门"来形容佛教僧人，但是早期"沙门"只是用来称呼不同于强调祭祀的婆罗门的修行者而已。他们远离都市和世俗生活，专心修行。当时印度的农耕技术进步，粮食比较丰富，所以能让这些完全不事生产的"自由沙门"顺利生存下去。

当自由的思潮开始涌现，就有不同的思想体系相互争鸣，比如代表正统吠陀传统的印度"六派哲学"①，以及反对婆罗门的佛教、耆那教与顺世论者。根据佛教经典记载，在佛陀时代，甚至还有九十五种外道，以及六十二种不同的思想观点。这些都说明了那个时代印度思想之活跃。佛陀正是在这样的自由思想风潮背景下出现，属于对传统婆罗门思想进行革命的成员之一。

在这么多观点的背后，其实印度人关心的问题和"轴心时代"人类共同探究的精神议题都是一致的②，比如"我是谁？我从哪里来？又将去往何处？""物质和精神之间的关系为何？""世界到底是如何形成的？是否存在造物主？"等等。其中的很多问题我们今天依旧在苦苦地思索。

---

① 六种印度早期哲学体系，分别为弥曼差、吠檀多、数论、瑜伽、胜论、正理论。它们产生的时间并非都比佛教更早，比如瑜伽派和胜论派就可能是在佛教出现前后成立的。

② 德国思想家卡尔·雅斯贝尔斯在《历史的起源与目标》中，把公元前500年前后同时出现在中国、欧洲和印度等地区的人类精神突破现象称为轴心时代（Axial Age or Axial Period）。在这些文明中，都开始对人类精神的终极问题产生深度的探索，并且出现了各个文明的重要代表人物，如释迦牟尼、孔子、老子、犹太教先知等。

二、佛陀的样貌

我们平日最熟悉的佛陀形象,大概就是在寺庙中见到的佛像。随着民间佛教造像、画像的广泛流行,"佛陀"基本上变成某种"神灵"的形象。在一般人心目中,佛、菩萨基本就与道教的元始天尊、太上老君没什么两样。仅凭今天所看到的佛陀的种种样貌,会容易让我们忘记佛陀其实是公元前 5 世纪左右在印度出现的一位活生生的历史人物,容貌与我们相差无几。

佛像是如何产生的?佛陀所在的时代本身并不流行佛陀造像,虽然经典中有记载佛像的记录,但并无相关实物为我们所见。直到佛陀圆寂后很长一段时间,佛教徒多是用佛塔、佛陀足印、佛发、菩提树或法轮来象征佛陀,其中尤其以佛塔最流行,也慢慢产生了各式的小型佛像。佛像真正成为佛教徒主要的供奉对象,大概要到公元 1 世纪,比如著名的犍陀罗造像,就属于具有鲜明希腊雕塑风格的佛教造像类型。

就今天所能了解到的情形,佛像大约是佛陀入灭后较长一段时间才出现的,流行更是晚期的事情。佛像和早期的佛塔、法轮一样,多是供后人忆念和瞻礼佛陀功德之用的。佛像其实更像是一个符号,而非真实存在的佛陀形象，或者可以更准确地说，"相"（外貌）并不重要，重要的是忆念佛陀所说的"法"。所以《金刚经》中有这样的描述，"若见诸相非相，即见如来"。所谓的"诸相非相"就是真正的"佛法"，那么"诸相非相"的意思是什么呢？其实就是我们熟悉的佛教的"空"的观念。简单而言，人类的认知模式常常是把所感受到的一切事物都理解为有本质的，比如一个杯子，我们会根深蒂固地将这个"杯子"理解为某种可追溯到本源的存在；而"诸相非相"就是说，一切的事物都没有本质，都不过是依赖条件而显现出来的无常之相而已。当然，这只是简单的介绍，后面会进一步阐述这个观点。

从外在形态来说，我们其实无法知道历史上的佛陀的真正样貌，后人多是根据佛典去了解。比如《长阿含经》里就有比较具体的描述，如佛陀有"三十二相"，特征包含"顶有肉髻"、"广长舌"、"手足网缦"（手指之间有如网状的皮肤）、"身黄金色"等等，这些在后世的佛陀造像中有所体现，但这是历史上的佛陀形象吗？或者另有他意？

经典中记载的最早的佛造像，是《增一阿含经》中记载佛陀曾上忉利天为母亲说法，侨赏弥国的优填王以"牛头旃檀"（即檀香木）为材，舍卫国的波斯匿王以紫磨金为材，各自造出两尊五尺高的佛像，以表对佛陀的思念。当优填王献给佛陀旃檀佛像，并询问造像有何功德时，佛陀则回答说，如能塑造庄严佛像，则有令人不堕入恶道的功德等。但也有另外一种说法是，佛陀并不鼓励造像，以免让人产生对"佛像"的执着，而这种说法尤其会引用《金刚经》中"凡所有相，皆是虚妄"等经文作为佐证。从考古的情形来看，比如建造于公元前 2 世纪的巴尔胡特佛塔（Bharhut Stupa），在建筑物上所雕刻的佛陀本生故事，都是以足印、宝座、菩提树等形象来代表佛陀，而不是以人像的方式。而目前所能看到的最早的佛像，大约是贵霜王朝时期（约公元 1 世纪—3 世纪）在犍陀罗地区以及秣菟罗地区所兴起的造像。

因此，在佛教的体系中，带有"神灵"性格的佛陀形象和"历史"性格的佛陀形象常常是交错并存的。一方面，佛教经典所描述的佛陀形象，带有某种超凡色彩，比如"身黄金色""手足网缦"等等，和描述凡人形象的词汇显然有很大的差异，这也是民间信仰容易把佛、菩萨"神格化"的一个来源；但另一方面，佛陀毕竟是历史中真实存在的人，这也注定了他同样具有"人间性"和"世俗性"的一面。

或许是印度文化与中国文化的差异，印度更重视个人的宗教性体验，而中国则更重视世俗历史的价值与意义。除开那种直接依据佛教经典所改写的佛陀传记，汉传佛教典籍中保存了一些重要的中国僧侣去印度朝圣的历史记录，尤其以法显的《佛国记》与玄奘大师的《大唐西域记》为代表。

虽然《大唐西域记》里对佛陀的描述，同样夹杂着常人眼中的"神话"色彩，但也多有以寻古的方式来介绍佛陀的生平，例如"太子逾城处""佛陀为病比丘盥洗处""城北渡河三百余步，有窣堵波，是如来焚身之处"等等，皆是玄奘朝拜佛陀昔日行迹的所见所闻。在玄奘的记录里，这些古迹真实地存于印度这片土地上，这无疑也让中国文化中的佛陀形象，或多或少带有现实的贴切感，而不纯然带有"神话"色彩。虽然对于一般的民众而言，佛陀仍然被归于神灵的行列之中。

对于西方世界来说，"佛陀"的存在倒并非这样理所当然。长期以来，西方学者一直怀疑佛陀作为历史人物的真实性，直到 1898 年，佩普（William Claxton Peppé）在印度比普罗瓦考古发现了装有佛陀遗骨的舍利瓮，而就在前一年，在尼泊尔的蓝毗尼，考古学家才刚刚发现在佛陀出生地出土的阿育王石柱。这些新发现最终让西方学者开始相信佛陀并非是神话中的人物，而是一位曾活生生地在印度行脚弘法的僧侣。

三、悉达多，你为何出家？

在黑塞的小说《悉达多》的开头，有这样一段关于悉达多决定出家的文学描写：

> 晚上，冥想时间后，悉达多对乔文达道："明日一
> 早，我的朋友，悉达多将加入沙门的行列。他将成为
> 一名沙门。"乔文达听后脸色顿白。他从朋友不动声
> 色的容颜上读出决绝。他的决心已似开弓之箭。乔
> 文达意识到：时候到了，悉达多要去走自己的路。
> 他的命运即将萌发。

虽然这只是黑塞笔下的想象，而且在当时的印度，出
家不过是正常的人生阶段之一，比如许多婆罗门都会在
人生的某个阶段，远离俗世，进行清苦的修行，以求得到
生命的解脱，但是对于这位出身刹帝利种姓的悉达多太
子而言，他选择出家，则意味着舍弃了王位、娇妻，而且还
将以反叛者的姿态去面对婆罗门主导的精神秩序。

从现有的研究来看，佛陀的生平经历并不算复杂，但
是关于佛陀的出生年代则有很多说法。比如南传佛教
（主要流行于东南亚国家一带）和北传佛教（主要指汉传
佛教影响的区域，如中国、日本、朝鲜半岛以及越南）各自
有自己的说法，学术界也有无数研究，但都很难说是可信
的结论。比如一个版本是，佛陀的在世年代为公元前
563年至前483年。另外一个版本则是根据阿育王在位

年代为标准，推断出佛灭于公元前 383 年。如此种种，众说纷纭。对于佛陀而言，具体的生卒年代或许并不是最重要的，更应该关注的是他到底给人类传达了什么样的观念。

根据经典记载，佛陀全名为乔达摩·悉达多，其母为摩耶夫人，在其出生后不久就去世，由姨母大爱道瞿昙弥抚养成人。相传摩耶夫人怀孕是因为梦见白象入肋，后在皇室的行宫——尼泊尔蓝毗尼园生下佛陀。悉达多太子大约在 19 岁成亲，娶的是城中的美人耶输陀罗，但却在 29 岁毅然出家，经历数年苦修，终于 35 岁在菩提伽耶证道，然后步行北印度讲法 45 年，最终于 80 岁时在拘尸那迦涅槃。这样的简化生平，也有一些细节不同的版本，但我们大可以不必拘泥于此。

释迦族本身属于刹帝利种姓，即贵族阶层。悉达多太子出生时，自己的国家与邻近的拘萨罗国是依附关系，我们可以在经典中看到，当时释迦族的形势相当微妙，国力并不强大。根据历史的考证，释迦族统治的迦毗罗卫城当时不过是一个小小的部落而已。释迦王子出生时，一位名为阿私陀的仙人听说后，急忙赶到王宫，要求见王子一面。见到之后，仙人不禁悲痛流泪，释迦族人不禁疑惑，猜测这是否是不祥的预兆。仙人则回答道，这位王子未来将获得无上的智慧，以法王的身份弘化四方，而我之所以痛苦是因自己年老体衰,没有机会聆听他的说法。

这个关于乔达摩·悉达多出家的预言,让净饭王感到非常害怕,于是试图以特别优渥的生活"圈养"住王子,让其感受不到生活之苦。可是悉达多最终还是走上了出家修行的道路。

从今天的角度看,悉达多算是一位"富二代",既不用担心生计,婚姻、事业也都相当顺利,应是今天年轻人比较艳羡的生活状态。这样的人生,似乎没有任何理由主动放弃。

但是,悉达多为什么会出家?

关于佛陀出家的动机,经典里有两种说法。第一个说法出自马鸣菩萨的《佛所行赞》:

> 路傍见耕人,垦壤杀诸虫,其心生悲恻,痛逾刺贯心。又见彼农夫,勤苦形枯悴,蓬发而流汗,尘土坌其身。耕牛亦疲困,吐舌而急喘,太子性慈悲,极生怜愍心。

讲的是释迦王子在路边看见农夫辛劳、耕牛疲乏、虫蚁被杀,心中产生强烈的怜悯之心。

这就如同孟子所讲的恻隐之心。记得童年时陪母亲去菜市场买菜,有许多农民从郊区担菜前来,多着缝缝补补的旧衣破鞋。对于我这样从小生长在县城里的孩子，并没有太多机会直面乡村的真实境况，就有一些视觉上和情感上的冲击。那时就会不禁想，这些人为何活得如此辛苦？尤其是看到一些老人苦守整日只得少许钱物，心中也会自然生起不忍的感受。而今天我们在一些偏远地区，或是都市里的某些角落，其实多少都能看到各种辛劳乃至令人不忍的画面，这其实都是佛教所说的"人生之苦"。

对他人所承受的"苦"生起某种恻隐之心，自然是好的品质，不过也并不算太过稀缺。这种对于人生之苦的体验，更触动太子的，则是遍布人世间的"苦相"，让他感觉到了某种生命的不自由，仿佛是一种莫可名状的悲哀，一种无法选择自己生活的巨大束缚感！这才是作为王子的他，想要出家寻求解脱的真正原因。

其实对于人类文明史而言，我们的目标都是试图减少"苦"的感受。但是现实却证明了，现代社会的"苦感"其实不减反增。一些思想家和历史学家试图证明，现代社会中的"善"相比古代社会已经有了极大的提升。例如哈佛大学心理学系教授史蒂芬·平克(Steven Pinker)在他的《人性中的善良天使：暴力为什么会减少》一书中就认为，现代文明的发展使得人类越来越容易控制内心的冲动，从而使得现代文明社会能够大幅度地减少暴力。这看上去似乎是一个非常合理的解释，不过也有不同的观点。如今看上去似乎文明的进步带来了物质、环境的改善，人类拥有了控制和改造世界的能力，但其创造"恶"的能力也随之提升，比如高科技武器的出现，使得许多暴力、杀戮更加隐蔽。而今天越来越严重的气候、资源短缺以及贫富分化问题，乃至普遍化的心理问题，其实都意味着现代社会之"苦"只不过是转换了表达形式而已，并未真正减少。

的确，过去那种因衣食匮乏带来的"苦"今天已经难以体会，除了某些特殊情况，大多数人或许已经不会为吃饱穿暖而担忧。在物质贫乏的感受上，我们这一代（20世纪70、80年代）与父母一辈有着非常明显的差异。父母辈对于食物往往有潜在的匮乏焦虑感，经常叮嘱子女吃饱、吃好。对于饮食的强调，大部分来自他们成长过程中的饥饿记忆。他们关于幸福感的潜意识，仍然与物质充裕度有关。九〇后、〇〇后这些成长于物质极大丰富时代的年轻人，他们的"苦"大多不是绝对的物质匮乏，而是都市生活消费升级所带来的"相对贫穷感"，因此更多聚焦在心理层面。

关于佛陀想要出家修行的动因，还有另外一种更为人熟知的版本，出自《长阿含经》：

一日释迦王子出行，经过三个城门，在第一个城门处，他见到一个耄耋老人，于是问侍从，为何是这番形象？

侍从告诉太子，这就是"老"，"夫老者生寿向尽，余命无几，故谓之老"。他日太子又在城门遇见一位重病之人，问侍者此是何人？侍者回答这是"病人"，太子追问什么是"病"，侍者则回答："众痛迫切，存亡无期，故曰病也。"又一日，太子在城门处遇见死人，亲人嚎哭围绕。太子问："何如为死？"侍者则答："死者，尽也。风先火次，诸根坏败，存亡异趣，室家离别。"

因为眼见世间的"老、病、死"，王子便郁闷不乐，净饭王想起阿私陀仙人当年的预言，担心悉达多出家修道，于是召集舞女，装扮宫殿，试图用这世间的欢愉吸引悉达多太子的注意力。不过当太子再度出游，却见到街道上的一位沙门，便好奇询问侍者这是何人。侍者告知为"沙门"，"舍离恩爱，出家修道，摄御诸根，不染外欲，慈心一切，无所伤害，逢苦不戚，遇乐不欣，能忍如地"，这让年轻的太子非常羡慕，萌生了出家修行的念头。

或许有人会感到惊讶，年轻的王子为何会不知"老、病、死"，还要询问侍者？这或许也并不难理解，如果稍微回忆一下我们年幼时的生命经验，当你的亲人去世时，是否也曾问过长辈这样的问题："'死'是什么？亲人到底去哪里了？"父母可能解释道："他去到另外一个地方了。"我们或许会追问："我们再也见不到他/她了吗？"其实小时候的我们或许还会询问父母关于"生"的疑惑："我是怎么生下来的?"这些提问来自生命深层的疑问,或者可以理解为一种觉醒,是对人生的起源和归宿的好奇心。不过面对这样的提问,一般的父母要么回避闪躲,要么只是用生物学的标准答案去应对。

其实,人对于"死"的初次遭遇,是对一种尚未经历的生命现象的认知与警觉,可以称之为"死亡意识"。这种体验是因为反推及己,意识到自己也将和他人一样注定遭遇"死亡",因此产生恐惧与不安。"衰老"不也是如此吗? 当你不经意地看到镜子里脸颊上的皱纹,双鬓的白发,枯黄的脸色,都可能让你感叹一声:"老了!"多少会有对于岁月流逝的伤感,就如同杜甫诗句中的感伤:"少壮能几时,鬓发各已苍。访旧半为鬼,惊呼热中肠。"

无论悉达多遇到的是哪一种场景,他的出家动机绝非是因为世俗生活的不幸。恰恰相反,他很早就感受到,无论世间如何完美,都不可避免地会遇到生命的天花板,那就是"老、病、死",这才是生命的绝对不自由。

从古至今,人类对于自由的渴求,构成了文明发展的重要动力。为了衣食温饱,努力发展经济改善民生,随着社会进步,逐渐没有衣食之虞,却又感受到更深层的不自由感,例如社会公正、贫富差距等问题,于是又有各种社会变革理想此起彼伏。可是从根本上来讲,无论社会如何进步,"老、病、死"永远在人生的路上等着我们。

从另一方面看，现代社会的重要特征是人类逐渐地从传统的上帝、天道、祖荫信仰秩序中摆脱出来，走向肯定自我、重构自我的时代精神。个体意识的高度发展，使得我们对于个体自由和权利有着强烈的偏好，渴求实现个人价值。但是悖论的是，当我们前所未有地伸张"自我"时，却感受到更多精神层面的焦虑，似乎像一道无形的枷锁，让我们困于其中。现代社会虽然制造出物质极大丰富以及消费主义的繁荣幻象，但同时却伴随着更深重的不自由感。

无论是老、病、死，还是现实短暂易逝的物质欢愉，都似乎在暗示着人类改造外部世界的努力不仅无法解决现实的难题，更无法真正解决精神的自由问题，反倒让人类自身陷入更大的迷茫之中。

悉达多游历城门的故事，更像是一个现代社会的隐喻。琳琅满目的卖场如同迦毗罗卫城的繁华宫殿，被净饭王安插在悉达多身边的翩翩舞女，不正像今天充斥在电脑、手机中的声色幻象吗？想要获得自由，却一次次地被欲望束缚。就像《红楼梦》中警幻仙姑的那番尝试，"先以情欲声色等事警其痴顽，或能使彼跳出迷人圈子，入于正路"，不过宝玉执迷不悟，耽溺于太虚幻境，不能明了世间本是一梦。而黑塞笔下"创造"的"悉达多"，本是出家修道，却也被世俗所迷，最终感受到更强烈的空虚："他逃到新的赌局中,逃到性和酒的麻醉中,之后再回到敛钱的冲动里。在这荒诞的轮回中,他疲惫不堪,衰老而虚弱。"

对于真实的悉达多太子而言,他看到的是声色繁华(宫殿、舞女)背后的陷阱,从而展开他的冒险之旅。他离开迦毗罗卫城,首先来到摩揭陀国,跟随几位当时非常有名的禅定修行者学习。当时这些自由沙门在森林中独处冥想,有许多很深的禅定体验,而悉达多也迅速地达到了这样的境界,可是他发现,这并没有彻底解决他的烦恼。因为一旦他从禅定回归日常生活,他仍然会感受到生命的苦。

于是他进入王舍城西郊的苦行林,展开为期六年的苦行生活,当时的他认为,人之所以无法解脱,就是因为肉体限制了我们的精神,就像柏拉图认为的那样。因此要想获得解脱,只有尽可能地让灵魂摆脱肉体的禁锢与限制。

对于悉达多的这段苦行经历,前人有这样的描述:

> 无论往昔的任何沙门、婆罗门体验到怎样剧烈的痛苦,都没有像自己一样尝试最彻底、最极限的苦行;即使未来的任何沙门、婆罗门,也不会有像自己一样尝试苦行的人;而且现在的沙门、婆罗门中,也没有像自己一样体尝到剧烈苦行的人。即使坚持了如此剧烈的苦行,自己并没有达到最高的开悟境界。

他没有通过六年的苦行获得觉悟,反而意识到这种刻意"虐待肉体"的方式并非真正的解脱之道。因此他离开苦行林,来到尼连禅河边,得到了牧羊女施予的食物才恢复体力。身体恢复的悉达多于是来到附近的一棵无花果树下坐禅,并且发誓如果不觉悟就绝不起身,经过七七四十九天的精进努力,抵挡住魔王波旬的魔军的恐吓以及他的三个美丽女儿的诱惑而最终觉悟。这棵无花果树后来被称为菩提树(菩提即觉悟之意),而这个距离伽耶镇不远的地方也因此被命名为菩提伽耶,成为佛教中重要的圣地之一。

悉达多太子因为看到"苦"而想要出家修行,但是当他试图通过苦行而得到解脱时,却发现这是一条错误的道路。佛教并不回避"苦",但是却不提倡没有智慧的苦行。

但是,我们如果失去了对"苦"的感受力,则自然减弱了想要解脱与追求真理的动力,因为许多迫在眉睫的人生问题其实在被回避、被掩盖,如同温水中的青蛙,比如今天的自然环境不断恶化,极端天气越来越频繁,但很多人却仍然没有强烈的感受。又比如,在经历了数十年的经济发展之后,大家似乎已经习惯了有着稳定预期的未来,但是一场突如其来的疫情,让全世界都脱离了过往习以为常的轨道,国际交流的阻隔、人际交流的减少、突然停止的工作与生活等等,都提醒着一个赤裸裸的现实:"苦"其实从未远离过我们。

而悉达多太子的出家,其实来源于他对"苦"的极度敏感,而且从中看到一切事物中普遍存在的不自由。这种"不自由"不会因为他相对富足的生活而得到缓解,或者转移了他的注意力。他对于渴望超越"苦"的冲动,让他对现世看似安稳的世俗生活产生了强烈的不满足感,这就是佛教一般谈到的"出离心"。

所谓的"出离心",并不在于这个人目前的状态是贫穷还是富足,而是要看他是否安于当下的生活,是否有想要追求世界终极真相的冲动。比如我们会对某些流行价值观有所不满,对资本逻辑有某种怀疑和批判,这其实都是来自对当下的不满,以及对于新的社会秩序的向往。而佛教层面的"出离心",指的是对于世俗价值观的普遍怀疑,而要去追求生命的终极真相。

1918 年 8 月 19 日,李叔同从浙江第一师范学校辞职出家,学生们一片惊慌,蜂拥而至,为李叔同送行,惹得校长经亨颐非常不满,认为李叔同的出家会带来非常不好的示范。他在日记中如此描述当时校园的气氛:"漫倡佛说,流毒亦非无因。故特于训辞表出李叔同入山之事,可敬而不可学,嗣后宜禁绝此风,以图积极整顿。"

经亨颐的意见,可谓是他对弘一选择出家的态度。

"可敬"，当然指的是身为同事的李叔同能舍弃名利而出家，颇有决绝的勇气；而之所以"不可学"，多少也表现出当时知识分子对于佛教的一般认知。

不过，我们真能理解李叔同的选择吗？

丰子恺曾在谈及老师李叔同出家的动机时写道："有一种人，'人生欲'很强，脚力很大……他们做人很认真，满足了'物质欲'还不够，满足了'精神欲'还不够，必须探求人生的究竟。他们以为财产子孙都是身外之物，学术文艺都是暂时的美景，连自己的身体都是虚幻的存在。他们不肯做本能的奴隶，必须追究灵魂的来源，宇宙的根本，这才能满足他们的'人生欲'。"

韩国电影《燃烧》中的女主角惠美，认为人的饥饿分成两种：little hunger 和 great hunger。前者是要解决温饱问题，后者则要解决人生困惑。李叔同就属于后者。其实，李叔同与悉达多太子一样，都是不满足于现有的世俗生活，想要探究更为终极的意义，才会以反叛的姿态走向山林，走向草舍。

四、人生之苦与四圣谛

悉达多经过三个城门遭遇"老、病、死"的故事，其实指向作为人所面临的生命限度,从而他开始自省:人为什么会有老、病、死?我们能从老、病、死中超越吗?

当我们面对灾难时,如果只是看到新闻中抽象的死伤数字,可能没有太强烈的感受,但如果看到现场的新闻影像,或是亲眼目睹现场的悲剧,感觉则有天壤之别。前者更像是书本上的抽象概念,而后者则是直接的心灵冲击。生命中许多难忘的场景,常常是与人生的苦密切相关的,比如失恋,比如亲人受到病痛折磨的记忆,或是临终时不舍的瞬间,都会潜藏在我们的记忆深处,时常泛起,掀起生命深处的莫大悲伤。

悉达多经历城门所看到的他人之"苦",历历在目,虽伤在他身,却痛在自心。这当然是因为这种赤裸裸的生命"苦相"带给人的不安,同时更来自悉达多对于生命困境的洞察力,从他人所感受到的苦迅速转换为对自己生命困境的诘问,进而产生强烈的解脱愿望。

在佛教中,常有"八苦"的说法,分别是:生、老、病、死,忧悲恼苦、怨憎会苦、爱别离苦、求不得苦。从这"八苦"的命名看,前面的"生、老、病、死"苦多是从经验现象层面来谈,而"忧悲恼苦、怨憎会苦、爱别离苦、求不得苦"则侧重于从心与境的关系来谈"苦"。

首先谈让悉达多太子感受强烈的"老、病、死"。

在佛教经典中,谈及老、病、死的内容非常之多,佛陀每每给人讲人生之苦，就以生命无常来作为直接的例证。例如《法句譬喻经》曾记载这样一个故事：波斯匿王的夫人因病去世，安葬之后，国王及臣子顺路去礼拜佛陀。佛陀见他们一行衣着不如往日那么华美绚丽，于是问其缘故。波斯匿王告以缘由，佛陀便给一行人讲述起人生无常之理：

> 自古至今大畏有四：生则老枯，病无光泽，死则神去，亲属别离，是谓为四。不与人期，万物无常难得久居，一日过去，人命亦然，如五河流昼夜无息，人命驶疾亦复如是。

人生奔流，瞬间不住，这大概是我们常有的体悟。但对于这种"老、病、死"的深切体会，往往发生在某些特殊时刻。例如不经意间瞥见新生的皱纹与双鬓的白发，疾病突然袭来时的手足无措，耳闻熟悉之人撒手故去的消息。不过多数时候，我们其实少有感受到"老、病、死"的逼迫，因为我们总会用很多"小确幸"去缓解生命中的苦，一杯奶茶，一顿米其林大餐，都可以通过感官欲望的满足而暂时忘记某些人生伤痛，直到某些极端的变故冷酷地展现在我们面前，或许才会让人正视生命的无常。

从现实的生命经验来看，我们多少都会害怕"衰老"

"生病"与"死亡",也正是这样的内在恐惧,所以才会如此
渴求各种各样的化妆品、美体整容以及养生妙方,这是来
自人类内心深处对于"老、病、死"的抗拒。只要有过自己
生病的体验,或是曾在 ICU 病房前苦苦等待过,大概就
会很容易体会"病"的可怕与焦灼感。在抖音、小红书等
平台上,经常读到许多抗癌病患的心路历程,那种内心的
挣扎与无奈,以及一次次地鼓起的勇气与癌细胞扩散后
的绝望感,让身为旁观者的我们,也常常感到莫名的悲伤
与无奈。原来我们根本无法主宰自己的身体,"病"的来
去也完全不受控制,这的确是人生中莫大的"苦"。

与"病"相比,关于"死亡",只要略微回想一下我们在
网络上听闻或亲见的生离死别,就已经能深刻体会面对
人生变故与死亡深渊的恐惧和虚无感了。网上有一个微
博用户,名为"逝者如斯夫 dead",早期主要收集一些不
幸离世的微博用户的日常记录,通过他们发布的点点滴
滴,勾勒出他们在这个世界所留下的痕迹。原本被隐藏
的那些生命碎片,被一点一滴地摆放在我们的眼前。比
如下面这段主人公的自白:

　　有时候觉得老天爷是不是故意针对我们家。前
年,一个从小一起长大的堂哥意外去世了,去年,爸
爸确诊白血病,幸运的是不用骨髓移植,目前恢复良

好，就在我觉得自己终于可以喘口气的时候，我的亲弟弟又因为意外去世了。

这个操蛋的世界是不是虚假的啊？为什么对我们这么残酷啊？

今天在家休息，翻到了和弟弟的合照，哭了好久好久，我真的好想他，每时每刻都想他，看到他喜欢吃的东西，喜欢的数码产品，都抑制不住地想他，可是再也见不到他了，再也见不到了。

昨天打电话给爸爸说我不想结婚了，我就工作挣钱养活弟弟的两个孩子，好好地把两个孩子养大，好像是我唯一能做的了。

这类令人唏嘘的遭遇在网络社交媒体上，常常会高频次地推送到我们眼前。虽然我们多报以同情，但却只能徒增无力感，于是我们学着回避这类"负能量"的冲击。当快速划掉后台推送的这些苦难故事之后，大数据会很贴心地给你展示无病无痛的"美丽新世界"，那里有可爱的宠物、华丽温馨的家居以及琳琅满目的商品与美食，仿佛这个世界不再有"老、病、死"，我们就像被封闭在王宫内的悉达多太子一样。但问题得到解决了吗？当然没有。

尽管今天的医疗水平已经非常进步，但人类仍然饱受病痛的侵袭。根据国家癌症中心的统计,仅 2022 年中国就有 482.47 万的新发癌症病患,而同年因癌症去世的患者就有 257.42 万。这还仅仅是癌症一项,更不用说其他各类致死率较高的疾病,如心脑血管疾病等所引发的病死数。而这几年全球因为新冠疫情而死亡的人数,更是居高不下。在这些数字的背后,其实是一个个在病房挣扎的鲜活的生命,他们不仅尝尽了病痛,更把内心的无助和血自吞。他们的亲人,也遭受着莫大的精神折磨。纪录片《人间世》所记录的每日医院里发生的生离死别,更是令观者动容。这些其实是在提醒我们,看上去平常的生活背后,"老、病、死"却是须臾未离。

我们的生命苦难除了常见的疾病之外,还有其他的各种意外事件,如溺水、车祸、火灾、中毒等等,因此失去生命的也不在少数。细细想来,无常总是在人们不留神之时露出狰狞的笑容。

在"生、老、病、死"中,让人或许有点疑惑的是,和"死"对应的"生"算不算"苦"? 对于肯定生命价值的我们而言,"生"或许是存在唯一值得庆幸的事情了。本质而言,"生"就是对生命存在的一种肯定,在传统中国人的认知里,有类似"好死不如赖活着"的朴素生命观,也就是对生命存在本身有一种至高无上的肯定。就如余华的小说《活着》中的主人公徐福贵一样,父亲从粪缸上掉落摔死,母亲和妻子因病亡故,儿子献血过多而死,女儿产后大出血去世,就连他的小外孙,也不幸而夭,而他一直就这么"活着",似乎"活着"本身就构成了他人生的最大价值。但在现代社会,"存在"本身已经不再成为一件绝对的"幸事",甚至构成了生命之苦的源头。尤其是年轻一代,父母的期待、社会的激烈竞争压力,使得他们如同生命的傀儡一般,失去了自我选择的可能性。也正因此,他们容易对自己的存在本身,产生一种强烈的疏离感,进而对生命存在本身,常抱有一种虚无式的否定态度。"生"的本身已然是"苦"。

换一个角度来看,如果我们认为"死"是"苦","生"其实也自然可以推导为是"苦"的。因为就逻辑而言,"死"的原因,究其根本,其实并不是老、病,而是"生"。有"生"才有"死","生"其实是"死"之所依,既然结果为"苦",其原因必然也"苦",至少我们可以将其称为"未成熟之苦"。

这就如同"得"与"失"的关系一样,假如我们认为失去是苦,那么当得到的时候则意味着终将失去,因为"失去"是依于"得到"而言的。如果"失去"是苦,"得"又为"失"之因,那么"得"其实本质上也是"苦"的,因为一旦"得",它必定要走向失去之"苦"。在这样的逻辑下,有"生"才会有"死",我们要回避"死苦",最终就要回避"生"。比如在《心经》中谈到解脱的境界是"不生不灭、不垢不净、不增不减"。这里说的"不生",并不是指某种永恒不变的状态,而是说,我们其实错误理解了"生"与"死"的本质。关于这一点,我们在后面章节中会详细论述。

至于"忧悲恼苦",是指人生难免因各种事情感到忧心、悲伤和嗔恼。我们常常会因过去之事而感到懊恼,为未来之事而忧心,还时常会感怀当下的处境,觉得不如人意。如果每个人仔细回想过去的人生,大多数的时光其实都过得并非那么舒畅。从寻常的一天来说,从早到晚,我们基本都处在各种各样的焦虑与不安之中,偶尔有些快乐,也会被如潮水般的烦恼所淹没。

有时候我会问问学生们,大家开心的时刻多吗?只要稍微看看那一张张脸庞,大概也知道他们每天的生活多是黯淡的。毕竟学业、就业的压力迫在眉睫,社会竞争的激烈更是让人惶恐不安。难怪他们常常会依赖游戏寻找片刻的放松,可是游戏只能带来短暂欢乐,事后还是会感受到挥之不去的空虚与浪费光阴的内疚感。

而对于职场中人而言,"996""内卷"等词汇纷纷成为媒体热词,折射出他们正在经受的巨大压力和焦虑。无数打工人满满的心酸、无奈与挣扎,都化为贯穿于生命中无时无刻的"忧悲恼苦",这大概是今天平常人的真实体验吧!

至于"怨憎会苦",字面解释是"见他人而不喜,见他人而起嗔恚"的意思。人生之中，尔虞我诈、相互诤斗的事情本来常见，几乎是人类根深蒂固的习性。只要有人群聚集的地方，则常常是彼此恩怨难消、嫉憎纷起。如果是熟人，则可能因为艳羡嫉妒他人而生厌憎，乃至只闻其声就感觉心理不适。就算萍水相逢，也因为缺乏"眼缘"，便可能生起对他人的不悦态度。而且"怨憎会"的对象并不一定局限于人，而是泛指一切我们不喜欢的人、事、物，但凡对环境里某些要素有抵牾之处，皆可归为"怨憎会"。

就以我接触的年轻群体来说，他们多是独生子女，在家可能独受宠爱，但进入大学，必然数人共住、日夜相对，由于生活习惯与性格的差异，常导致彼此心存芥蒂，难以忘怀。因此问起烦恼事，经常提及的多是与同学、室友的相处问题。比如有人早睡，有人晚睡。有人深夜玩游戏，有人则喜欢早起。作息互相干扰，但又无法回避。这种强迫性的相处带来的烦恼，在年轻人中间非常普遍。这或许是因为这一代年轻人从小缺乏与他人相处的集体生活经验，当不熟悉的环境突然出现，一时无法逃避，内心的不适自然非常强烈。

而随着交通、信息网络的进步，现代社会的时空切换频率越来越快，我们很容易快速进入不同环境，尤其网络社交媒体能让人瞬间超越时空阻隔来进行高频次的虚拟交流，也因此放大了人际交往的利弊。"粉"与"黑"已然成为网络社会的重要标签,而类似"键盘侠""杠精"的相互指责,其实都是现代意义上的"怨憎会"。

比如有些人在微博、小红书等社交媒体上浏览他人的幸福生活,往往会滋生嫉妒心,甚至不加甄别地将对方"污名化",乃至看图说话,认为对方所得不当。这种自然生发的"嗔心"就是一种烦恼,但是悖论的是,它还常常以某种正义的面目出现,让人陷入某种不自觉的仇恨漩涡之中。

乘坐公车、地铁时,假如大多数人都循规蹈矩地排队,此时有几位不守规矩的乘客或是插队,或是直接堵在地铁车门前,并且对他人的眼神还毫无察觉,我们自然会感觉强烈的不满,乃至生起强烈的愤怒。这样的场景其实还发生在家中、办公室里,一旦遭遇不喜欢的人、事、物,便会产生各种负面情绪,这都属于"怨憎会苦"的范畴。

接下来谈"爱别离苦"。通俗而言,就是"相爱"的双方不能时常相聚之苦。这里的"爱"泛指一切情感上的依恋,如父母与子女的亲情、朋友之间的友情、恋人的爱情等等。"依恋感"表现出来的就是种种的不舍与惜别之情。每年大学新生入学之际,父母与子女之间就会上演这样的"爱别离"。在我们这一代的成长过程中,比如朱自清先生的《背影》一文就曾让无数人潸然泪下,讲述的是父子间那份复杂的亲情。而日本电影明星山口百惠的名曲《秋樱》描述的母亲对出嫁女儿的嘱托与牵挂之情，更是打动无数有类似经历的人。

随着城市化的发展和人口的高速流动，今天的父母与子女其实多是异地分隔，彼此情感相牵但又无法长相聚。这种"爱别离苦"，无论是对于城市和乡村的"空穴老人"，还是对于留守孩童而言，都是日常的经验，因此这些群体的心理状况也令人担忧。例如跟随老人一起生活的孩子，因为家庭的不完整感而引发的"爱别离苦"，在他们的成长过程中慢慢地渗透到意识深处，成为性格的一部分。

对于现在的年轻人而言，"爱别离苦"虽然感受得更加频繁，但同时也越发表浅。过去因为交通、通讯的条件限制，恋人一旦分离，则倍受相思之苦。今天的年轻人虽然情感同样炽热，但往往是猛烈而易谢的，"爱别离苦"更容易借助替代方式加以平复，但这往往使得人与人之间的情感浅白而易变。人们已经无法体会"家书抵万金"的不易，也很难体会古人"复恐匆匆说不尽，行人临发又开封"的浓烈相思。所以从情感的表达而言，无论是文学作品，还是社交媒体的喃喃自语，我们已经很少能读到那种浓烈的"相思之苦"了。

而关于"求不得苦"，其字面意思就是"所欲之物而不得"。虽然今天全世界可以说是进入一个物质极大丰富的时代,以中国为例,无论是淘宝、拼多多还是数不清的外卖平台,可以说极大满足了人类的消费想象。但是悖谬的是,"求不得苦"在今天似乎表现得比物质匮乏时代更为严重。"剁手党"的出现,其实展现出来的是一幅因物欲泛滥而另生烦恼的当代浮世绘。虽然今天只要想得到,就基本上能买到,但是这种物质的丰富感并没有带来身心的安顿,反因为更多样化的选择而激发出对奢侈品和差异化商品的猛烈欲望,这是消费主义社会的"求不得苦"。就如同英国社会学家鲍曼在《工作、消费主义和新穷人》中谈到的:

> 理想状态下,消费者应该不固守任何东西,没有永久的承诺,没有可以被完全满足的需求,也没有所谓的终极欲望……消费应该立刻带来满足感,没有时延,不需要旷日持久的技能学习和准备工作;而一旦消费行为完成,这种满足感就应该尽可能快地消失。如果消费者无法对任何目标保持长期关注和欲望,如果他们没有耐心、焦躁、冲动,尤其是容易激动,又同样容易失去兴趣,"即时满足"就达到了最佳效果。

"即时满足"的背后其实就是无休止的"求不得苦"。

消费主义的逻辑就是让消费者永远保持对消费品的渴求，而这种渴求背后的动机其实是一种无法满足的欲望。当欲望不断地被消费主义逻辑制造出来，我们其实就会永远无法满足，永远感受到无休止的焦虑。这其实也是今天开始流行"佛系""躺平"话语的深层逻辑。

当然，"求不得苦"的范围远不是那些我们用钱购买的商品可以全部囊括，而是包括对生活中一切事物的某种欲求。例如，恋人之间想要控制对方却又无能为力，外出旅行想要风和日丽的天气却不能所愿，努力工作却收不到理想回报等等，如此种种，其实都是"求不得苦"。以这样的角度去观察，我们会发觉这样的"苦"几乎贯穿了我们的日常生活，几乎是生命的常态。只不过，我们总是在这些"求不得苦"的缝隙间，用尽全力去满足那一个个的"小满足"。

就拿我们经历的疫情经验来说，当我们不能自由出行，无法随意地点外卖的时候，感到身心不安、痛苦。换个角度来思考，平常感觉到快乐的原因，到底是外卖，还是你可以选择吃外卖或不吃外卖？所以问题可能变成：苦的原因到底是外部可量化的具体条件，还是内心永无止境的躁动？不能出门本身是不是本质意义上的苦之因？我们一般的假设是，苦的原因就是缺少这个，缺少那个。学生读书的时候想要绩点，毕业的时候想要 offer，工作以后想要升迁、想要高工资、想要跳槽……那么让你感到快乐或痛苦的原因,到底是客观的、可量化的某个条件,还是内心的某个念头?

这里的意思并不是认可某些环境是绝对合理的,而是说,如果你想解决当下的烦恼,以便于你可以更好地处理当下的问题,可能需要问一下:是你心心念念想要的那份外卖,让你感觉快乐,还是说你已经拥有了足够的东西,只是你无法压抑内心要求的那种欲望?

当我们被封闭在家中时,对于自由当然非常渴望,所以就会感受到深切的"苦"。当你对某个目标有所求,但是限于当下的条件无法马上满足的时候,就会产生苦感,这就是"求不得苦"。有的人说:"那我不求,躺平好了。"但是其实你永远"躺不平",就算你"身躺平"了,你那颗"有求"的心也永远不会休止。当它满足的时候,就暂时得到舒缓;得不到满足的时候,就会产生强烈的苦感。因为我们的欲求心其实是永不满足、永无止境的。

"求不得苦"还体现在日常生活的很多方面。比如我常常在微信朋友圈看到有的学生在复习备考的时候,桌子上放着电脑或书,但是旁边还要摆着一溜饮料、小吃,翻几页书就吃吃喝喝,靠口腹欲来补偿自己在学习时的专注努力,获得自我满足感。我们通常在做一件事情的时候,需要有快速的正向反馈,有"求"就要马上"得",如果无法即时满足，就会感觉烦恼。

以上这些种类的"苦"，其实可以概括为"五阴炽盛苦"。"五阴"属于佛教特有的术语，又叫"五蕴"。佛教认为，我们可以把生命拆解为五蕴来说明，这并不像西方科学将人分为骨骼、神经、皮肤、肌肉等生理组织那样，而是用另外一套概念来分析。

五蕴的具体内容是指色、受、想、行、识。简单而言，"色"一般指的是物质性的部分，专业性的解释为，"有质碍"的称之为"色"，也就是其存在具有与其他事物的阻碍性，这就属于"色"的范畴。

"受""想""行""识"都属于心理活动范围，即所谓的"心法"，也就是精神活动层面。从概念上来讲，"受"是"领受"。从体验角度讲，有人用针扎你一下，你会有触受，这就是"受"的范畴。又好比眼睛看到周围环境时所产生的感觉，也属于"受"。总体而言，就是感官接触相应的环境而产生的感受。佛教所说的"受"，可以分为"苦""乐"与"不苦不乐"三种类型，也就是令人不悦的、令人喜悦的，以及中性的感受。

"想"则是心所作的取相和初步分辨。简单的解释，当我看到眼前的电脑时，眼睛（也就是佛学意义上的眼根）与它接触，然后进行初步的识别成像，知道它是什么颜色，外形如何，长短如何，这就是"想"的作用，只是对外界进行最基本的"识别取相"，就如同照相机将外界的物体用感光仪器成像一般。

而"行"的意思则是"造作"，就是我们的意识有一种迁流和推动的作用，可以近似理解为潜意识。就如同我们在安静下来时感受到的意识川流不息的感觉，有一股莫名的力量在推动。

"识"则是我们一般讲的"意识"。它的作用是进行认知分别。比如当我们看到面前的电脑，感官将其形状特征摄入意识中，从记忆经验中去配对，如果在过去的经验中曾经接触过相似的内容，则可以迅速确定这是什么物体，叫什么，有什么功能，乃至进一步分别好坏、善恶等，这就是"识"的作用。

佛教将世界上的所有事物分为"名"和"色"两个范畴，"名"就是"命名"与"概念"，属于心的认知层面，"色"属于物质层面。五蕴就是"名色"范畴的展开。因此，"五蕴炽盛苦"其实指的是身心和合而成的生命，每时每刻都随着境界的波动而起种种的情绪，动荡不安，内心交迫，不得安宁。

而关于"苦"，另外还有一种分类，那就是三苦：苦苦、坏苦和行苦。所谓"苦苦"，指的是我们所遇到的人生种种逆境，如饥困寒暑、病痛交加，或是外力逼迫下所受的种种苦。之所以称为"苦苦"，也就是这些外在的恶劣环境，引发起我们内心的苦受，所以称之为"苦苦"。

而"坏苦"则多指我们所享受的快乐消失时所感受到的苦感。比如亲朋相聚本是乐事，但最终离别时反而多是催人泪下的场景，人生没有不散的宴席，这是中国文化里用以表达"坏苦"的经典场景。而家财万贯、权力在手时的春风得意，一旦遇到各种意想不到的变故，那种人生的落差与悔恨绝望，都可归类到"坏苦"的范围。

相比前两种"苦"，"行苦"则显得较难理解，它主要指的是无常变动所带来的苦感。乍听或许我们会有困惑，这种无常变动如何会让我们感受到"苦"？这里试举一例，我们都有等人的经验，那种百无聊赖、无所事事的感受，其实就属于"行苦"，因为我们无法安住在稳定的心态上，反而随着时间流逝莫名焦躁不安。现在我们每当坐车、等人的时候，都会习惯性拿出手机刷各种讯息，其实就是应对这种"行苦"。

当然，以上的解释都只是粗略的介绍，关于佛教的概念名相，如果深入地分析，内容会相当复杂，佛教各派也因各自的理论体系建构差异，各有自己的详略不同的说明，但这里不作细论。

总之，佛教谈"一切皆苦"，其主要目的当然不是单纯表现生命的灰暗与绝望，而是试图从生命现实感受出发，来提醒我们这个世界其实是不圆满的，生命是会遇到无数苦难的。而从悉达多太子出家的过程来看,尽管他在青少年时期的生活是富贵适意的,但是他却在经过三个城门时,突然意识到表面的安乐下面所涌动的无常逼迫,从而走上出家修行的道路。

所以,无论是谈"八苦",还是"三苦",这些概念都只是想描述一些生命的基本现实,从而激发起我们的疑惑:"苦"的原因究竟是什么?

一旦有这样的推理,我们就开始接触到佛教的一个核心理论——四圣谛。所谓"圣谛",其实就是真实的道理。展开而言,四圣谛的基本内容就是"苦、集、灭、道"。"苦"描述的是人生皆苦的现实;"集"则是说明这些所感受到的"苦"背后的原因;"道"指的是我们超越"苦"的方法与道路;"灭"则描绘的是灭"苦"之后的觉醒状态。

按照佛教经典记载,悉达多太子在成道之后,以佛陀的身份行到鹿野苑,见到曾经跟随他修行的五位侍从,他们之前因为悉达多太子放弃苦行而离开。如今在鹿野苑相遇,佛陀就开启了第一次讲法,其内容就是"四圣谛"。

对于"四圣谛",前面已经谈到了"苦谛",这里则针对"集谛",即"苦"的原因,来作一些说明。

首先,我们可以假设,之所以有"苦",是因为某些事情本身就有"苦"的属性。比如在职场上碰见令人头痛的上司,那么这个让你生起烦恼的对象是否本质上就是令人讨厌的？也就是说，对方本身就代表着"苦"？如果逻辑是如此，那么任何人看到他，大概都应该感受到"苦"。但事实当然并非如此，同样一个人，有人厌恶，有人喜爱，可见这个人本身并不带有本质性"苦"的属性，而要依不同的认知主体而定。

那么既然认知的对象并非等同于"苦"，那么显然原因就出在认知主体身上。

当我们遭遇各种环境时，我们会进行对应的判断，然后生起"苦""乐"和"不苦不乐"的感受，继而会产生"好"与"坏"的认知。让我们感到快乐的会产生贪求心，想要更多，感到不舒服的则生起嗔心，想要马上逃离。因此，所谓的"苦"，其实是我们受到自身关于"好与坏"判断的束缚，一旦想得到更多又得不到，想摆脱某些麻烦却毫无办法的时候，就会陷入"苦"的泥沼。

因此佛教会认为，"苦"是我们错误的执着所导致的，是因为对"好坏"的认定与分别，继而产生相应的执取，念念不忘，在得失之间才烦烦恼恼。因此经典中这样说，"苦"其实存乎一心，是因为"爱与欲相染"。因为我们的贪爱，所以在所贪的对象上造作不休。得之虽喜，但很快也会淡漠；不得则忧，继而辗转反侧。

但是很多人会认为，这本来就是人类的思维模式：主体对客体进行认知、判断和抉择，从而按照人类的好恶与需求进行转化、改造,这不就是文明发展的动力吗?

也经常有人会问,佛教常说不要执着,但是我们的努力,不就是因为执着才有动力吗? 佛学上其实是认为,我们的执着出自"贪爱心",也就是一种强烈的占有、达到目标的欲望。虽然这的确可以推动我们为了某个目标而努力,但是其后遗症则是,一旦执着于目标的达成与否,当不能如人所愿时,强烈的执取心会让我们的情绪迅速沉沦。"贪而不得",就会让人产生强烈的失落与沮丧。所以对目标的执着有多强烈,因失败而感受到的烦恼就有多沉重。就算侥幸达成目标,虽有片刻的欢愉,但其乐感却也无时无刻不在减弱。

比如年轻人都喜欢喝奶茶,很多学生还没等到下课心里就惦记待会去喝奶茶,等到快下课时,心就开始蠢蠢欲动,开始计划待会要去哪家店,回忆哪一款奶茶会比较好喝,要不要多加一份珍珠等等,脑子里面甚至演练了无数遍。但是看看时间,却还有 15 分钟才能下课。等到临下课前 5 分钟,乐感无疑是在迅速膨胀,但仍未达到自己的目的,虽然存有希望,但心里却充满着躁动的欲求,让人不安。终于等到下课铃响,这种等待的焦虑感迅速得到缓解。

当你拉着同学冲出教室,直奔奶茶店,半途上虽然还没喝到,但你满怀希望。终于抵达店铺开始排队,你们边聊天,边等待,心中充满喜悦,虽然有"想喝却未喝到"的细微焦躁,但毕竟充满了即将达到目的的希望。经过漫长的努力和等待,你终于喝到了那杯心心念念的奶茶。当奶茶接触唇舌时,你可能会觉得,人生哪有苦啊?!所有的期待、焦虑瞬间化为乌有,达到味觉乐感的顶峰。可惜就在这一瞬间,乐感的强度就开始下滑了,这时候甚至我们的注意力就已经不在奶茶上,而是又关注其他的事情,奶茶虽然仍然在喝,但已经没有那么让我们兴奋。

这时候,如果你们正好碰见朋友,对方想要再请你们喝一杯。你们又多了一杯奶茶,再喝,乐感是增加还是减少呢?或许可能感觉也还不错,但是跟前面那一杯早已无法相提并论。套用经济学上的一个概念,那就是边际效用递减。你处于匮乏状态时,一旦得到所想要的东西,感受就会特别强烈,如果继续给你享用,那份乐感其实会自然递减,甚至会让你不胜其烦,产生厌恶之感。

在这个过程中,我们可以看到,当你在期待某件即将实现的事情时,虽然心情愉悦,但由于还没有达到乐感最高点,那种快乐其实还夹杂着一种还未实现的冲动和焦虑,此时情绪其实仍然是苦乐交织的。而当我们愿望实现的那一刻,所谓的快乐其实转瞬即逝,马上坠落,根本无法恒常稳定。

因此,佛教讲的"一切皆苦",并非是否定我们的快乐情绪,而是说,我们所谓的"快乐",其实并不绝对,更不稳定,它虽然能够带给人以暂时的安慰,但却也不断地给你揭开那背后的伤痕。我们追求的所谓"快乐"和"幸福",既不圆满,也无法自足。

由此,我们或许可以得出一个初步的结论:我们日常其实永远处在一种不满足、不稳定的状态中,而造成这种"苦"的原因,也并非是我们无法真正实现某些目标,反而是一旦我们达成暂时的目标,又陷入到新的不满足的旋涡之中,转而追逐更为新奇的事物。

因此,佛教据此认为,"苦"的真实原因不在对象本身,而是我们的错误执着。因为我们贪着的对象其实根本不可能被我们永远掌控,一切事物都在无常变化,我们得到所贪之物的瞬间,其实就已经失去了它,因为它永远在变化之中。但我们内心却有一种强烈的错误认知,以为自己永远地拥有对方。就算表面上你占有了所欲求的人、事、物,也会因相处时久,那份贪求心逐渐减弱,又会转向新的目标,无有厌足。这些其实才是我们感受到"苦"的真实原因。

想要超越这份永无止息的"苦",才是悉达多太子走上修行之路的真正动力。而菩提树下的觉悟,则是他给自己交出的一份最终的答卷。

第三章

Chapter Three

"缘起"的世界

是因缘法甚深，难见难解，难觉难观，细心巧慧人乃能解。

——《大智度论》

一、生命是一张因缘的网

如何理解生命中的苦？从佛学的角度来看，我们首先需要去观察现实生命，先要了解自己习惯性的思维模式和认知态度。因为在整个佛教观念里，所谓生命之"苦"的根本原因其实不在于外境，而在于认知。

比如就拿日常生活中的相遇与分离来说，这本来是人生的常态，对所喜欢的人或物恋恋不舍，是人的本能和常情。可是因为这种喜好，却最终让自己陷入烦恼的旋涡之中，似乎美好的事情最后又常常走向了反面。这到底是为什么？

如果我们再进一步地去探讨，为什么人世间的分离和相遇不能受我们的主宰？我们到底因何相遇？究竟又因何而分离？

这样的问题着实难以回答，我们也很少会深入思考个中原因。随着年长离家远行，这样的离别经验越发频繁，越发感到人生的离别往往多于相聚，也慢慢能够体会杜甫在《赠卫八处士》中所抒发的情怀："人生不相见，动如参与商。今夕复何夕，共此灯烛光。少壮能几时？鬓发各已苍。访旧半为鬼，惊呼热中肠。"

对于年轻人而言，最有感触的相聚、分离大概还是发生在恋人之间。对于恋人间的分手，人们大概都会列举出一长串的理由，或是相爱而无法共白头，或是虽不爱却叹惋曾经拥有的美好时光。种种的不舍，于恋人是巨大的心理纠结，不仅催生了无数的痴男怨女，也让旁观者跟着掬一把青春的泪。

所以，就像很多流行情歌一样，演唱会上听众们一起歌唱，台上台下一片泪光闪闪，大概都是因为歌词激起了每个人心中的感伤与无奈吧！但为何这些人生经历让我们烦恼？一旦这么提问，我们大概就会回溯到各种各样的原因，有的或许很明确，有的则多是种种琐碎细节，就算清楚知道分手的最后一根稻草，但也似乎不知从何时开始，两人的关系开始出现罅隙，最后只能无奈地叹息一声：大概是没有"缘分"吧！

"缘分"是什么？我们或许可以先从一部电影谈起。

在红极一时的新海诚的电影——《你的名字》中，男女主角（立花泷与宫水三叶）之间通过跨时空的身体互换而建立起莫名的关系，慢慢情愫滋长，进而产生不知所以的互相寻找的冲动。在时空场景的变换中，他们的关系在电影中被具象化为一条红丝带，意味着在茫茫人海之中，那最终注定相遇的人之间，其实都存在这样一条看不见的红丝带在连接彼此。在电影中有这样一段台词:"仔细倾听线的声音,只要一直缠绕,人与线之间就会产生感情,我们所做的结绳,也是神的作品。"其实这背后隐藏着东亚文化中非常熟悉的一个观念——"缘分"。

"缘分"不仅用于描述人与人之间的关系,也同样用以指涉人与事、物之间的某种说不清、道不明的关联。可以说,"缘分"这个词构建了中国人理解人与万事万物之间关系的深层认知。

"百年修得同船渡,千年修得共枕眠",常在华人文化中用来描述今日的相遇相知或者相爱,其实有过去的原因所在。这句出自佛教的俗语虽然大多数人并不知道背后深层的理由,但总是会在某些适当的时机脱口而出。这种对人世间的理解,对于华人而言,无疑是非常重要的人生观。

今天常用的"缘分"一词,其实是因为佛教的影响而作的延伸,也就是我们熟悉的"因缘"的意思。

佛教所说的"因缘",也称为"缘起",意思是指:任何事物的出现或毁坏,都有其条件。这解释了世间人事万物的运作法则,就是依条件而生,又因条件而消亡。这和由造物主掌控一切的观念无疑有泾渭之别。这里有一个重要的观念,那就是"条件"。

举个例子,我们上课所使用的黑板擦由什么组成?

按照化约主义（Reductionism）的思维方式一层层剖析下去，可以初步分为塑料外壳与海绵，继续进入微观层面的话，就可以发现原子、中子、电子乃至更为微观的粒子。

因此，黑板擦是由细微的物质元素所构成，其本身的存在有赖于这些基本物质，因此它不是自足、自立的物体，而是要依赖条件而成立，这就是"缘起"的基本含义。

但是构成黑板擦的基本粒子本身是单一、普遍性的物质单位，如何能反映黑板擦这种特殊物质的特征呢？换个角度来看，黑板擦的本质存在于哪里？如果万物的特殊性表现在这些粒子的组合形态上，那么，黑板擦的本质并不在于单个粒子，而在于它们的组合形式。

所以佛教对此的解释是，任何事物都是由条件组合而成，可以借助适当的条件而成为另外一种事物。重点在于条件的组合变化，而不在于物质自身有一个不变的本质。任何依靠条件而成立的事物，自然没有本质可言，这就是佛教"缘起性空"观念的初步意涵。

佛陀在菩提树下悟道，目睹天上之晨星，觉悟到所谓的"缘起性空"，其实就是了解到世间万法都是依因缘而生灭。

我们再举一个手机的例子。刚刚是从物质组成形态（空间）去看黑板擦的构成，我们还可以从时间角度去观察。比如要使用一个手机，需要哪些条件？可以采用一种非常简单的推导：要生产出手机,需要原材料、资金、工人等等。也就是说,它不仅有赖于各种材料,还需要人力的投入、环境的配合等条件才能得到其最终成品。也就是说,在时间链条上,手机本身并非是独存而生的物品,而是有赖于各种条件而成。

如果我们将这样的条件作时间上的无限延展,我们会发现一些非常有趣的现象。例如手机不仅需要原材料,还需要生产工人、销售物流人员等等,才能让手机不仅能呈现出它的样态和功能,而且能在当下这一刻呈现自身的存在。生产手机的工人,也需要各种条件才能出现在生产线上,这些因素包括他的父母妻子、亲朋好友,以及过去的人生经历等等,种种条件互为关联,最终让他在那一刻生产出独一无二的手机。

又好比我们在加油站随意加的那桶石油,可以追溯到史前时代,无数的有机物随着地质运动以及其他各种宏观、微观条件的改变而形成最终这桶石油,当中各种条件的复杂性已经远远超过人类的思维能力。又比如今天我们所吃到的一粒米,如果推寻下去,它所需要的条件也相当复杂。因为这一粒米其实来自之前的稻种和各种所需的条件,这样无限地回溯,就需要漫长的演化与土地、人力的条件,才能最终成为当下吃的这一颗"微不足道"的米粒。

从时空的角度分别做这样的推理(时空本身其实也是缘起,这里暂时不作讨论),就可以大概了解,每件事情所依赖的条件是如此之多,以至于我们很难靠意识去推理穷尽。就如同混沌理论中的"蝴蝶效应"一样,一个细微条件的改变便会引发完全无法预料的剧烈的后续反应,反过来也说明,看似简单的结果所需要的条件也是相当复杂与难测的。

以上所分析的物理世界的各种变化,我们或许可以暂时认为是符合因果律的(关于因果律问题,哲学家、物理学家都有相当的发挥和演绎,这里不作深入讨论)。如果否定这一点,我们大概在现实层面就会产生逻辑上的混乱。

比如我们要完成一件事情,通常都是根据它所需的条件而去设计和规划,由此我们才可以通过控制条件来获得稳定的结果。我们的商品生产线之所以可以不断地重复生产同样类型的产品,是因为我们是按照因果关系去运作的。如果没有因果律,就可能会出现这样的情形,一条生产手机的生产线,准备妥当之后,生产出的却是麦克风或其他物品。当然,有不少思想家认为万物是偶然所生,但这种"偶然论"在主流思想脉络中并没有得到多少响应。

再将这个问题拉回到我们的身心上,是否也如上面所分析的那样,只不过是条件的组合呢?正如前面所谈到的,佛教用若干种范畴来解析生命,其中最基础的范畴就是所谓的"名色","名"代表精神活动,"色"代表物质存在。再进一步,则会用"五蕴"(色、受、想、行、识)继续分析,但这背后的根本逻辑其实都是想说明,生命现象不过是由诸多条件构成而已。

正是根据这样的逻辑,所以在佛教的修行实践中,就是通过禅定去观察自己的身心,最终直观到我们不过就是诸多条件的组合,便可以体会到"诸法无我",看到身心不过是一连串的无常生灭的因缘现象,并非有一个不变的实体"我"存在于身心当中。

这个世界,包括我们的生命,都是需要"条件"的,这也就是所谓"缘起"的基本含义。

二、有"缘"千里来相会

我们每天都会乘坐各种交通工具,但你是否仔细观察过擦肩而过的那些过客?每当我注意到身边那些陌生人,心中多少会有一些奇妙的感觉:我和他们是偶然相遇的吗?在此时此刻搭上这一班地铁,能和这位陌生人相遇,到底是偶然的,还是某种必然?

表面看来,地铁停留的每一站,都有人离开,有人上车,这些看似偶然的现象,真的是某种随机的概率? 这背后是否也有某些确定性? 是否和物理世界一样,都符合某种意义的因果律?

旅途中你会与哪些人比邻而立? 下一站又有谁下车,有谁上来? 谁坐在你的旁边? 我们无法了解身边的人为什么在此刻上车,与你相邻,但这种人与人之间的连接感令人感觉非常奇妙。我们在不停地和周围的环境与人发生着关系,但是却根本不了解这个关系运作的模式。

我们一生中会遇见很多人,其中的某些人会感觉特别容易亲近,甚至有的人还会一见钟情;但另外一些人,则会自然地保持距离,觉得难以亲近,甚至会彼此厌恶。人与人之间为何有这样自然的亲疏远近关系? 职场人士也会有这样的经验,有的同事似乎无论如何努力,就是感觉难以相处,彼此"气场不合",有的同事却能轻松地打成一片,关系十分融洽。

尽管有的人坚持认为,这样的人世间的关系不过是偶然性的概率而已,但是概率的背后难道就没有原因吗? 或者是说,所谓的"偶然"只不过是我们无法洞察其全部的条件? 假如答案是肯定的话,那么就可以认为,所谓特定的结果,不过只是条件具足而已。

在好莱坞电影《返老还童》(又译为《本杰明·巴顿奇

事》)中,有这样一段情节,当主人公本杰明·巴顿去探望车祸受伤的戴茜时,电影此时以上帝视角展现了戴茜受伤的全过程:

一位和戴茜完全无关的巴黎女子走出家门,突然听到房内电话铃声响起,于是回到房内接了这通电话,然后匆匆下楼。此时,戴茜正在剧院排练舞蹈。当那位巴黎女子刚刚走出大楼时,驶过一辆出租车,但却被一位乘客抢先一步截下,而这时,另外一位出租车司机停车买了一杯咖啡,正因为这样的耽搁,他接上了那位因为电话而耽搁的巴黎女子。这辆出租车刚刚行驶不多远,便差点撞上了一位匆匆过马路的男子,而他是因为忘上闹钟而比往常晚出门5分钟。此时,戴茜已经完成了排练,正在剧院洗澡。而那辆出租车此时停在一家商店门口,因为乘客要去取一份前天已经预定好的包裹,但商店的服务生却忘记了打包,因为前天晚上她刚刚失恋,所以忘记了这项工作。当乘客取完包裹重新上路时,又被一辆货车阻挡了一下,而此时的戴茜已经在穿衣梳妆了。当戴茜下楼准备出门时,同伴的鞋带断了,所以她多等了一会,而此时那辆出租车正在等红绿灯。就在戴茜走出剧院的后门时,这辆出租车正好驶过，而司机恰好在此时分神了一下，结果撞上了戴茜。

其中只要一个环节出现变化，最后这一幕或许就不会发生，但是这个过程是如此复杂，乃至身处其中的人根本不了解悲剧到底是如何发生的。我们只能看到最后的结果，进而可以在这个基础之上追溯其原因，但是在结果还未呈现出来时，我们对于当下的行为会带来什么结果却是茫然无知的。

对于佛学而言，人与宇宙、世界的关系，其实皆不离因果律的作用，看上去互不相关的人、事、物，其实都存在相互的作用。也就是说，人与人之间的相遇、分离，有一只"看不见的因果律的手"在操作，佛教称其为"缘起"。

在佛学经典中，"缘起"的定义是："此有故彼有，此生故彼生。"粗浅一点解释，就是万物彼此依存，互为条件。缘起法则在佛学中虽然有不同层次的内涵（如业感缘起、阿赖耶缘起、真如缘起、法界缘起），但从最浅显的角度，可以约略理解为万物皆有其因果条件。无论宇宙星球的演化，人与人之间的爱恨情仇，还是自己内心中无端而起的澎湃思绪，其实都符合因果缘起的法则。

回到我们的日常生活经验，一般坐地铁，我们大概只在意出发点和目的地，想要如何快速抵达，旅途则是相对无聊乏味的。但如果稍微转换一下角度,去仔细想想这段旅程,或许就会有不同的理解。

我们在每一站都会看到有人下车,有人上车,有人离你远一点,有人则恰恰站在你的身边。这看似平常的日常经验,假如我们认为世上的人、事、物存在因果律的话,那么这些人的来来往往,距离的亲疏远近,其实也是依着因缘条件而定的,虽然并不知道那到底是何等的因缘,但是如果承认这一点,那么我们一定存在着某种"神秘"的联系。

有时我们在地铁上会遇到彼此不小心碰触的场景,反应通常是不满和嗔怒,对于任何人而言,这些大概都不会是愉快的经验。但如果转换一个角度,这无非是因缘条件成熟而已,否则我们注定不会在此刻产生交集。正是那看不见的因缘之线让我们可以在此刻相遇,从这个角度来看,人生难道不是一幕奇妙的"因缘情景剧"吗?我们因为过去的某些看不见的因缘连接而有了今日的相逢,而那些和我们无缘的人,则无论如何苦心孤诣,也很难产生联系,"无缘"反而变成一件令人悲伤的事情,因为我们可能毕生都无法拥有一次擦肩而过的机会。

在佛教论典《大智度论》中,曾记有这样的故事:佛陀在舍卫城遇到一位贫穷老妇人,阿难在旁劝说佛陀,此人如此可怜,应当救度她。可是这位老妇却非常不喜欢佛陀,每当佛陀要去度化她时,她总是避而不见,因此佛陀无奈地说:"是人无因缘。"

人与人之间能够相遇,乃至能够亲近,其实并非理所当然之事,而有其看不见的因缘。仔细想想,就算是见到的人,有些人容易亲近交流,有的人却总是格格不入,不仅无法正常相处,甚至还常有矛盾。就算是同校同年级乃至同班,关系的亲疏远近也是各各不同的。以佛教的角度看,我们的人生就是依着这样深浅、好坏不一的因缘而呈现出来的,出生、成长、学习、恋爱等等,无一不被因缘所主宰。不了解这一点的人,就会忽略了除开自己的个人因素之外,其实还有一张非常复杂的因缘关系之网。

三、缘起与现代社会的孤独症

很多人都读到过一句话,"没有人是一座孤岛",这个"孤岛"的隐喻出自 16—17 世纪的英国诗人约翰·多恩的作品:

没有人是一座孤岛,

可以自全。

每个人都是大陆的一片,

整体的一部分。

如果海水冲掉一块，

欧洲就减小，

如同一个海岬失掉一角，

如同你的朋友或者你自己的领地失掉一块。

任何人的死亡都是我的损失，

因为我是人类的一员，

因此不要问丧钟为谁而鸣，

它就为你而鸣。

我们每个人，不管在地理上，还是从人类文明的角度，其实都是互相联系的。多恩写这首诗的背景是1623年伦敦暴发瘟疫，当时他身患重病，写了组诗《丧钟为谁而鸣》，而"没有人是一座孤岛"便是其中最有名的一句，描述了人跟世界、人跟人之间内在的连接关系。

这首诗为什么这么有力量？"任何人的死亡都是我的损失"，其实揭示了生命之间的那种不可隔离的内在联系，尽管这种表达仍然是以一种人文主义的方式，但却让我们感受到强烈的冲击，因为这种看法让我们能够回归生命的真相：我们从来不可能彼此隔绝。

在当代日本社会中，有一个词汇越来越流行，那就是"无缘"，甚至把老人孤独死去称为"无缘死"。"无缘"是指一个人失去了血缘、亲缘乃至深交友情关系的状况，造成社会关系的疏离，甚至带来个人的深刻孤独感。而在今天的中国，"孤独"情绪也成为一种现代症候，渗透到许多人的内心深处，成为普遍的社会心理。

英国学者费伊·邦德·艾伯蒂曾写过一本《孤独传：一种现代情感的历史》，里面谈到现代社会的"孤独感"的形成与原因。他给孤独感下了这么一个定义：

> 孤独是一种意识和认知层面的疏离感，或是与有意义的他者相隔离的分离感。孤独是一种情感上的匮乏，关乎一个人在世界中的位置。

这个分析明确指出，孤独其实是一种认知问题，也就是跟世界、跟他人的疏离感，无法建立起认知与情感上的连接，以至于无法确立自己在世界诸多关系中的位置。

在年轻群体中，很多人自认为患有"社交恐惧症"，无需过多社交，只要躲在自己的小小空间里就满足了。当然，他们其实并未完全和外界隔绝，仍然有互联网、影视剧、游戏的陪伴，他们也并非不需要"社交"，而是需要能够自我掌控的"社交"而已。

社会学家曼纽尔·卡斯特曾在 21 世纪初就提出一个问题：互联网到底会促进社群的连接，还是会导致个人孤立,与社会分离,最终与"现实"世界分开?

长期进行虚拟世界的社交互动,真的可以替代"现场版"的交流吗?疫情期间,但凡有过隔离在家经历的人,都会感受到被约束在家中的那份焦虑与无助,渴望走出家门,去和朋友见面聊天,去郊游,逛逛博物馆、美术馆。

现代科技虽然给我们打造出一个无需外出社交的虚拟平台,但就算是不为衣食发愁的人,仍然会在隔离状态下感觉到强烈的孤独感与焦虑感。为什么会有这样的情绪?当然是我们对某些看不见的生理/精神连接有强烈的需求。

正如前面所言,既然一切事物都是缘起而成的,我们与自然界、人造物(科技文明)世界、社群、家庭之间,无论你主观上是否认可,都是互为联系与相互作用的。从深层而言,我们的生命其实无时无刻不在与周围的世界发生关系,如同一张无所不包的因缘网络,一旦我们忽略某些层面的连接,就会带来种种的心理问题,如"孤独感"。

首先来看看我们与现代科技世界的关系。如今人与人之间交流的物理阻碍逐渐被互联网抹平,这意味着个体单单依靠智能手机与网络就可以进入无穷无尽的意识交互世界。伴随着互联网成长起来的年轻一代,就处在这种"现实"和"虚拟"高度交错的环境中。一方面,大量与互联网相关的职业越来越不再依赖身体的劳力消耗,而主要依靠脑力完成；就算是一般的劳动者，智能手机也深度介入了他们的日常生活，通过网络享受娱乐与满足社交需求。另一方面，传统社会中的闲暇娱乐与劳作，基本都建立在"生理性"的基础之上，但现在更多是依靠"虚拟自我"与"虚拟他者"在进行沟通，从而构造出无数流动易变的"虚拟社群"。

在主流的价值评价体系中，"虚拟世界"带有强烈的消极印象，因为电子游戏与社交平台具有强烈的"沉溺性"特质，使用者容易沉浸其中，从而减少对现实世界的关注。这也是"虚拟世界"最受质疑的地方，因为它试图切割物质性与生理亲密性的现实世界，而让沉溺者遁入无法自洽的"虚拟时空"。不过这种经验在今天仍然是局部和片段化的，比如"三和大神"这一类社会边缘群体，电子游戏的虚拟体验对于他们更像是维系意义的精神支柱，因此他们放弃正常的生活轨道，甚至只需要最低限度的生理保障。"虚拟"与"现实"虽然并非是截然二分的领域，但是二者的"心理／物质"的差异性仍然非常明显，尤其是多数沉溺于"虚拟世界"的人，会很容易在认知层面无法平衡二者的关系。

比如带有"沉溺特质"的电子游戏或影音平台仍然具备强烈的吞噬个体现实感的能力，使得人容易将"虚拟世界"和"现实世界"的运作逻辑看作是对立性的。所以投入到"虚拟世界"在今天仍然容易被视为逃离现实,通过某种方式主动或被动地放逐于主流社会之外,比如日本的"御宅文化"以及中国年轻人越来越明显的"社交恐惧症",皆与"虚拟世界"的出现有关。或许可以看到,虽然"虚拟世界"带给我们前所未有的快感体验,但是这背后却隐藏了更多的新时代的"苦相"。

其次是关于自然的连接。无论东西方文化有多大的差异,人类文明从来没有真正地将"自然"从生活中放逐出去。尽管现代工业文明与城市化高歌猛进,但仍然有像写作《瓦尔登湖》的梭罗这样的自我放逐者,反对现代文明的异化,回归到自然主义的生活方式。更何况在欧美发达国家,能够自由地穿梭在都市与乡村,反而成为某种资本特权,而贫困阶级则因为生计,被困在逼仄的人造建筑物之中。

就中国而言,这些年,都市人对于游历山水、户外探险这些与自然亲近的活动开始产生浓厚的兴趣。每年暑假,家长们也都会带着孩子去野外郊游、参加户外夏令营等等,或许都是试图重新建立人跟自然的关系。随着农村条件的改善,越来越多的人也开始去乡村度假旅游,甚至还有年轻人回乡开办民宿,回归田园生活。

当然,我们仍然很难忍受纯粹野性自然环境下的险恶,但是在这几十年高歌猛进的城市化崇拜浪潮席卷过后,人们却自发地重新将视线投向自然,无非是从中体会到一份安定与慰藉。中国文化中的"寄情山水",也是士人们在事功受挫之后的避风港,让人得以借"自然"之境,获得一份与天地造物相往来的自在感。

最后则是个人和家庭、社群的关系。20世纪改革开放以来,随着市场经济的迅速发展以及各种人口政策的作用,中国的家庭规模整体呈现下降的趋势。同时改变的是大家对于家庭的理解,年轻一代对于"家"的理解越来越微型化,不再强调"家族"的价值,而更在意"小家庭"的幸福。这当然是这几十年来"个体意识"彰显的结果,"家"的意义不再只是繁衍、忍耐、牺牲,而是要更多符合个体所追求的幸福感。但由于价值观多元化、人口结构不均衡以及女性受教育程度提升等多方面原因,单身以及不婚、不育的情况也越发普遍。但是这并不意味着人们开始疏远人际交流,恰恰相反,更加丰富、多元的群聚以及群体交际方式正在慢慢涌现,比如抱团养老,就是今天许多不婚不育者对于晚年生活的群体生活想象。

今天席卷神州的"广场舞",背后何尝不是折射出这样的"连接需求"? 这几十年的社会发展,中国的家庭演变为多是父母独居、儿女远走他乡的情况。表面上看,"广场舞"不过是中老年人为主体的休闲娱乐活动,但它同样也是内心中的"苦"催生出来的情感自救运动。在

《中国社会的个体化》一书中,人类学家阎云翔认为,现代政治社会的转型使得中国人过去不大有的"个体意识"开始崛起,但是传统的文化性格又决定了中国人无法体会那种后现代社会中的孤独感,因为中国文化对人际关系的连接感非常重视,就算家庭人际关系的连接感在逐渐减弱,但对于新的人际关系的渴求,则成为当代中国人精神生活的一个新现象。

总而言之,人类需要各种"连接",并不一定是我们主观上的渴求,而是因为这个世界本来就是依着"缘起"而展开,根本无法脱离。人与世界、宇宙乃至所有的人类,都在片刻不停歇地相互作用,相互影响,随着各自的缘深缘浅,我们相逢、相知、相爱,或擦肩而过,或"相爱别离"。一旦我们试图切断这种联系,或是因为某种极端的环境让我们与某些关系疏远,自然会感受到生命的不完整与失落感,这或许也是现代社会发展的不平衡导致如此多精神症候的原因。

第四章
Chapter Four

生命流转的秘密

众生可愍,常处暗冥,受身危脆,有生、有老、有病、有死,众苦所集,死此生彼,从彼生此,缘此苦阴,流转无穷。

——《长阿含经》

一、业力之风

在宫崎骏的电影《起风了》里,主人公二郎和菜穗子的第一次相遇是在火车上,因为一阵风突然刮起,二郎的帽子被吹起,正好在一旁的菜穗子反应迅速,抓住帽子,并交还给二郎,口中喃喃道:"起风了。"这让同样熟悉保尔·瓦雷里的诗歌《海滨墓园》的二郎马上回道:"唯有努力生存。"

这样的人生相遇场景,在我们的生活中并不罕见。时隔多年,菜穗子正在山坡上写生时,一阵大风席卷而来,吹走了遮阳伞,而二郎正好在山坡下面路过,他奋力接住伞,并还给了菜穗子的父亲。也正因此,二郎与菜穗子得以再度相遇、相知并相恋。

影片上映过半,英国女诗人罗塞蒂的诗句悄然浮现:"谁曾见过风? 你我皆不曾。但看木叶舞枝头,便晓风穿过。"

"风"的意象,在影片中此起彼伏,犹如灵魂一般。无论是二郎在火车上,因一阵突至的"风"刮走帽子而与菜穗子相识,还是少女菜穗子在山坡上绘画时那随"风"飘散的发丝与衣褶，更不用提二郎所设计的战机，更是借"风"而能成其事。过往在宫崎骏作品中大多扮演串场道具的"风"之意象，突然变得异常的明显与突出，乃至有些场景会让观众感觉到，那无形的"风"才是真正的主角。

电影里此起彼伏的"风"的意象，都让我们看到宫崎骏作为导演，在这部电影里所极力铺陈的"风"的意涵。如果你只把"风"当作宫崎骏的串场道具，或许还没有窥探到"起风了"的真正秘密。

"风"是什么？为何"起风"？

如果不是一阵风吹落了二郎的帽子，二郎与菜穗子的相识无从谈起，而如果没有山风吹落菜穗子的遮阳伞，也不会有后来的再度相逢。这些如同设计的桥段，都借助"风"来毕其功。"风"的意象，不仅仅是锦上添花的画面，其实还表达出一种信仰的意涵：人生皆由某种因缘之风来推动。

所谓"因缘"，指的是世间种种莫可名状的条件，让人们随缘而聚散，而"风"则指的是某种难以明言的作用力，推动着世间的种种人事变迁、时代大势，犹如"风"一般难以捉摸，难以把控。这种推动的力量，在佛教中也称之为"业力"。

在详细解释"业"的概念之前，我们或许可以暂时回过头看一下佛教对因缘的看法。佛教认为，人与人之间的聚散,皆需相应的条件,但是我们作为主体,常常会有一种拥有"自由意志"的感觉,好像我可以超越外界条件的控制而自主作出选择。在西方的思想传统里,人是否拥有"自由意志",是哲学史和思想史长久争论的问题,这牵涉到一个重要问题,也就是人生的命运是否是被外在力量所宰制的。

佛教认为,如果获得觉悟,就能善安自心,不为环境所动,随着因缘的变化应对各种人生境界,这就是所谓的"自在"。也就是说,觉悟者获得了生命的自由,这似乎有点类似于哲学意义上的"自由意志"了。只不过佛教强调的是,环境虽然在不断改变,但是觉悟之人却能洞穿世界的本质,不会产生种种烦恼情绪,而是能自在地面对、解决,就算失败也不会沮丧。虽然觉悟的人并不能控制世间万物,但是万物却无法动摇他的心,这就是佛教追求的"自由"的内涵。

在这个意义上,觉悟的生命才有真正选择的自由,才有所谓的"自由意志"。但是,多数的人,由于缺乏这般意义的智慧,只能受到过去的生命因缘的限制,也就是所谓的"业"。

"业"的观念,最早来自从《吠陀》《奥义书》以来的古印度思想。例如《大林间奥义书》里就有这样的描述:"人唯欲所成,其欲如是,其志乃如是;其志如是立,其业遂如是为。如其业之所为，彼则是为是矣。"（徐梵澄译）这句其实已经表现古印度人对于生命产生的根源与动力的见解，即从"欲""志"到"业"以及最终的果。而"业"就是推动生命的重要力量。

"业"的观念后来也成为佛教乃至耆那教的核心概念，用来解释生命流转的动力与作用。比如在解释我们的行为受什么决定和推动的问题上，我们常常会面临困境，今日的"果"到底是如何出现的？造物主或神灵的旨意？还是某种自然的法则？我们在种种环境之下，为何会有这样或那样的选择，这些选择是偶然，还是必然？

佛教的"业"，浅显一点来说，就是指人的行为、语言和心理活动会留下生命的印迹和惯性，从而影响未来的生命结果。有时候"业"也和"行"替换使用，表达生命的发生、安住、变化与消亡的推移与演化。因此我们生命的当下状态，都是过去的行为经验所推动而形成的结果。我们可以根据描述"结果"而称之为"业果"，或是突出"行业"的作用而称其为"业力"。

例如年轻男女一见钟情，彼此不过只是眼波的流转，却能产生强烈的精神共鸣，经典力学大概很难解释这类精神作用。两人只是眼目相对，过去没有任何交集，但那惊鸿一瞥，却让人魂牵梦萦。这到底是什么力量在起作用？其机制又是如何？心理学家大抵认为这不过是荷尔蒙的生理作用,就算还原到 DNA、蛋白质的层面,也只不过把人的精神作用当成一团碳水化合物的自然反应而已。佛教则用"业力"去解释这种人与人的微妙关系,认为这其中的作用其实是通过"业"去推动的。

曾经看到一个社会新闻,在广东有一对男女恋人在街上吵架,一个年轻人正好路过,手里拿着手机,其实根本没有去注意这对吵架的情侣,结果那位男性大概觉得被人围观极为不爽,便莫名其妙开始追打这个路人,那位女性也加入这场追打之中。我们会觉得很奇怪,为什么会有这样的结果? 其实这样的现象背后都有一些我们无法看清楚的业力因缘在推动,我们自身无法主宰事情的结果,而是有很多复杂的因素在同时运作,而背后的驱动力就是所谓的"业力"。

"业"依据性质,可分为三类,分别是"善业""恶业""无记业"。善业指的是世俗意义的善行,例如帮助他人、止杀护生、与人友善等;恶业则是一般意义的恶行、恶语、恶念,也就是想要伤害他人的行为、语言和动机;而无记业则是指那些非善非恶的行为和想法,例如我们日常生活中的行走、发呆等,多是出于中性的动机,谈不上善恶是非。

"业"又可以依照造作的形式划分为"身""语""意"三个方面,分别代表行为、语言和动机。这也就意味着,我们无时无刻不在造"业",因为连我们的起心动念都会产生影响。举一个生活中的例子，比如在街边看见乞丐时，我们心中生起了同情心，并且走过去嘘寒问暖，给他以言语的安慰，甚至还资助他一点钱，让他能够得到基本的饮食。从"业"的角度看，这形成了身、语、意三个层面的"善业"。

其实无论是外部环境还是我们的念头，都受各种有形无形的因缘条件所限，而推动这些因缘变化的，就是业力，它携带着过去的"信息"（业）而在当下不断推动着生命的流转变化。

在大的时代浪潮中，业力则会表现得非常复杂，人事变迁、山河改色，个人能感受到自己的渺小与无助。我们个人的业力与人类的共同业力之间，有着难以测度的关系，所以常会觉得自己有如一叶扁舟，在时代浪潮中无助地颠簸。

"起风了，唯有努力生存"，这是宫崎骏从堀辰雄同名小说《起风了》撷取的灵感。二郎不是《风之谷》中单纯善良且充满正义感的娜乌茜卡公主，也不是那位机智无邪、幸运相伴的千寻，他只不过是一位普通的职人，虽然有自己的梦想，但却没有意愿乃至没有能力改变人生的种种因缘，无论是大时代的残酷，还是恋人的病情。他只能顺着时代"业风"努力，也会喟叹战争的惨烈无情，更会痛惜恋人的离去，可一旦"起风了"，除了活下去，还能有更多的办法吗？

二、十二因缘与生命的不自由

在佛教的认知中，我们随着环境而产生各种贪嗔痴的心念，从而造作善恶业，因而对应的，也自然会有各种善恶业果。更为关键的是，在这个过程中，我们根本无法把控自己的生命，会随着所遇到的境界而心潮起伏，苦不堪言。虽然人生偶有得意时，却因为无休止的欲望而又会迅速卷入新的苦乐漩涡中。其实这种心情的循环往复就是佛教所谈的"轮回"。

我们一般谈"轮回"，总是马上联想到"六道轮回"，也就是生命的不同存在形态。其实"轮回"更为直接的解释就是，因为我们对于生命存在巨大的无知，所以我们会一次次地陷入同样的生命处境中，让我们感受到强烈的不自由。

因为这样的不自由，所以当我们的生命走到终点时，当然不能把控自己的生命，更无法知道我们将会走向何处，乃至对于人生是否还有下一段旅程都充满疑惑，自然会感受到强烈的人生之苦。

而佛陀在菩提树下的觉悟，看清了生命其实是这般无休止的流转循环，但因为不能自主，所以只能被动地接受命运的折磨。但是这生生世世的生命流转是如何发生和展开的？我们到底是为何而生？又为何而死去？

其实我们对于生前死后都是迷茫的，既不知道自己如何出生，也不知道死后会是什么情形。但是从佛教的角度来说，生命死亡之后，由于因缘业力的推动，自然会展开新的生命，生死不已，形成生命的流转，这同样符合缘起的道理。

如果我们把视角拉回到日常生活，以我们的心念作为观察对象，就可以很清楚地看到这种缘起法则。这里以《长阿含经》中的一段经文为例："当知因爱有求，因求有利，因利有用，因用有欲，因欲有着，因着有嫉，因嫉有守，因守有护，阿难！由有护故，有刀杖诤讼，作无数恶。"

这段文字其实将我们的心理、行为的逻辑链条作了非常扼要的描述。平常我们面对环境时，常常因为渴求某种东西而产生强烈的欲望，然后不断地扩展蔓延，导致对所渴求的事物有强烈的执着感，因此对任何威胁到我的人或者环境，都会有强烈的警惕心，想要去守护，就会产生强烈的排他行为。

当你喜欢某样东西，并且也似乎暂时得到它时，你的欲望得到满足和滋养，但之后马上产生另外的问题，你开始被它黏住，也就是开始执着它。因为喜欢这个东西，巴不得整天抱着它，就像小孩子喜欢毛绒玩具一样，睡觉都舍不得放下，抱着才会安心。

　　一旦有这样的执着，就会产生嫉妒。比如好不容易花了两个月工资买了一个不错的品牌包，一出去却发现对面的女生拿的是 LV，你便很可能产生嫉妒之心。为什么？因为你有好胜心。而如果别人想要夺取你的所爱，因为害怕失去，就会牢牢地守护它，这就是因为贪求执着而起的"守护心"。

　　在佛教看来，"此有故彼有"的缘起法则就是说明无论是山河大地，还是我们内心的起心动念，都是因缘环环相扣的结果。因此生死的轮回流转，以及我们每时每刻的烦恼，都无一不是缘起而来的。如果要解决烦恼，也可以利用缘起的道理改变这个意识链条，自然也就可以息灭烦恼，脱离轮回。

　　但是为什么我们平时不能正确地认知"缘起"呢？其实是因为，我们对于事物的认知，往往是借助感官而起作用的，虽然可以通过理性来作种种反思，但在日常的认知体验中，我们都会不由自主落入某个陷阱，也就是将所感受到的环境认为是有本质的，似乎是永恒不变的，没有看到它随因缘而变化的特质。这就好比理论物理学虽然能假设并推论出世界的运作规律与常识不符，但却要依赖实验设备才能观察与确认一样。我们所运用的观察工具限定了我们对事物的认知，而佛教所聚焦的，其实是电光火石的念起念灭的瞬间，就在那转瞬的一刻，我们的认识其实就已经被错误地扭曲了。

佛教谈到认知"缘起"，和我们熟悉的自然科学或许不大一样，后者更多只是探索外部宇宙、物质世界的规律而已，而佛教则是聚焦在我们人类自身，借助个体身心这个载体，去了解生命到底如何生生不息，流转不停。

在佛教看来，生命其实是缘起的现象，因此没有开端，也没有结束，如河流般永无止息。但每一段生命旅途，却毫无疑问地充满着各种"苦"，因为我们根本无法掌控自己，获得自由。如同《杂阿含经》中如此描述：

> 于无始生死，无明所盖，爱结所系，长夜轮回，不知苦之本际。

我们看不到世界的真相，也就是所谓的"无明"，因为"无明"，我们生起无尽的贪嗔痴，这种"无明"的生命流转称为"轮回"，看清"苦"之根本而得以觉悟的生命状态名为"涅槃"。

因此，探讨生命的缘起法则，本质上是要破除我们对生命本身的迷思，以求进入"觉"的状态，从而摆脱不能自主的生命，这才是佛教的核心目标。正是出于这样的逻辑，佛陀又提出"十二因缘"的说法，以求从理论上解析我们为何会"迷"，又为何会经历如此痛苦的"轮回"。

简单而言，"十二因缘"就是用十二个互为依存的条件来说明我们是如何在"迷惑"中走完一生又一生的。依着玄奘大师所翻译的《缘起经》中原文所述：

> 云何名缘起初？谓依此有故彼有，此生故彼生，所谓无明缘行，行缘识，识缘名色，名色缘六处，六处缘触，触缘受，受缘爱，爱缘取，取缘有，有缘生，生缘老死，起愁叹苦忧恼，是名为纯大苦蕴集，如是名为缘起初义。

这段经文主要解释了"缘起"的定义，即"此有故彼有，此生故彼生"，意思是世界一切人、事、物的无常变化都是各种条件相互作用，如同链条一般，彼此相依，层层相连。佛陀就用"十二因缘"来解释生命流转之苦的内在逻辑，具体内容为无明、行、识、名色、六处、触、受、爱、取、有、生、老死愁叹苦忧恼（简称老死苦）。

关于"十二因缘"内涵的解释，依不同的论典，各有差异，这里只作比较简要的介绍。

《阿毗达摩发智论》将十二因缘也就是生命的流转分为过去、现在和未来三个阶段来理解。首先生命是从"无明"发起的，因为错误的认知，所以开始造作善恶的业行，也就是"行"，"无明"和"行"这两支属于过去的因，会引发后续的业果。

由于业行的推动，就形成了"识"，随着父母交合入胎，开始形成生命，便有了物质与精神的分野，即"名色"。而随着"名色"的开展，就有了人类特有的"六处"，也就是六根（眼、耳、鼻、舌、身、意）。有些解释会把这个过程描述为母胎中的孕育过程，比如在《佛说胞胎经》中，就列出在母胎中每隔七日胚胎发育形状的改变过程，包括身体各个组织以及六根的形成等等。有了"六处"，就会与外在环境，也就是六尘（色、声、香、味、触、法）发生作用，也就是所谓的"触"，但是此时对于外在环境的"触"并不带有强烈的苦乐偏好，更多的只是趋向于与外界环境接触，也就是我们一般所观察到的"好奇心"。

接下来是"受"，这里的"受"可以分为三种，即苦受、乐受和不苦不乐受，也就是我们对外界的三种最直接的反应。接下来我们会依据三种"受"而产生对应的贪爱心，比如让我们感到快乐的，我们会贪求更多，让我们难受的，我们就开始躲避甚至抵抗，而那些"不苦不乐"的，我们则听之任之。正是这般的"贪爱心"，于是"取"（执取）便显露出本来面目，我们的心会牢牢地贴附在贪爱或讨厌的对象上，所偏爱的拼命想获得，所厌恶的则心心念念除之而后快，甚至辗转反侧，不得安宁。而当这样的执取尘埃落定，我们也基本上宣告了"自我存在"的不可撼动性,这就是所谓的"有",即自我以为的某种"存在"的确立。

因为上述的缘起推动,自然就会有以五蕴身心为特征的生命现起,也就是"生",因为有"生",自然也就会有"老死"的结果,当然就会有"愁叹苦忧恼"了。

从整个"十二因缘"的结构来看,它描述了一个从"惑"开始,然后盲目造作各种"业",继而引发苦果的循环过程,也就是我们熟知的"轮回"。这里的"轮回",如前所说,指的是日常生活中因为观念的错误而不断地重蹈行为和情绪的覆辙,也就是这样的认知反应就一定会导致相应的结果。

以上的分析是从生命因为"无明"而流转的角度去推导,如果逆推的话,那就是从解决人生之苦和觉悟的角度去观察。比如我们要解决"老死愁叹苦忧恼"的问题,则要去追问为何会"生",也就是为何会有生命的生起现象,进一步我们会思考,为何我们会将这个无常生灭的身心现象看成实有的存在,也就是所谓的"有"。这种把存在本质化的认知又是如何产生的呢?当然就是"执着",也就是"取"了。那么"取"又是如何形成的呢?如前面所说,就是对于自身与外在环境的爱染之心。而后顺着"爱",我们就可以继续逆推到"受""触""六处""名色""识"与"行",最终回到"无明"的根源。

从"十二因缘"的角度来看,要想解决"我执"所引发的烦恼问题,应不断地观察自己在面对各种外境时所产生的爱染心,当你觉察到是这种不顾现实的贪爱心作祟,其实你已经在提醒自己应该作出改变了。所以,依照"缘起"的角度来看,就是需要我们去观察这种心的彼此依存性,然后以正确的思维转化这种产生"苦"的心理机制。

总之,佛陀给弟子教导"四圣谛",是让我们从"人生之苦"开始观察,然后了解到背后的原因是无时无刻不在的执取心,其实是对"我"的错误认知,进而教导以"无常""无我"等观念去反观我们的身心,最终观察到五蕴身心当中,其实没有一个"实体化"的"我",也就消融了无时无刻不在的"人生之苦"。但是"十二因缘"的教导则是要从我们身心现象的相依存性入手,也就是要细化我们一般所观察到的"无常",看到这些所谓的"无常"表象背后,其实是更加深细的条件发生作用,这就是所谓的"缘起法",也就是所谓的"此有故彼有,此生故彼生",乃至"此灭故彼灭"了。原来我们的生命是一连串的条件作用而显现出来的样貌而已,在这个过程当中,只有缘起所引发的无常现象,哪里又能寻找到那个不变的"我"呢?在这里,"十二因缘"其实又回到了"四圣谛"所关心的核心问题,那就是因为有"我执",才会感受到生命之苦。

举个生活中的例子来说明。比如我们平常都听说过或者亲身感受到"执着"的心理状态,比如我们因为想要得到某个礼物，或者是爱恋某人，常常是朝思暮想，念念难忘，虽然很多人非常享受这种美好的情愫，但久而久之，求之不得反而让自己困苦不堪。这其实就是"执着"的表现，也就是我们会因为某种贪爱心而枉顾当下的现实条件，心心念念地想要去达到自己的目标，甚至头破血流也难以回头。

但是这种"执着"是如何形成的？

每天我们会遇到无数的人、事、物，如果做一个分类，你会发现，只有少数才会让你"牵挂"，在事情发生过后，你仍对当时的人、事、物念念不忘，甚至不自觉地进入某种白日梦的心理状态，在那个意识造就的"太虚幻境"中，我们或与恋人相拥，或驾驶着 Dream Car 四处兜风，直到突然回神，原来是南柯一梦。

其实，这种心理过程不过是因为我们对某些东西有强烈的"爱染心"，也就是强烈的偏好，依此产生一种占有、控制的执取心态，想要达成自己的目的，而且随自己贪爱心的加剧，这种执取心越发强烈，最终推动形成了一个非常难以撼动的认知，那就是只要"我"喜欢，一定要得到满足，带有强烈贪欲感的"个体意识"最终牢不可破。从"爱"到"取"，再到"有"的缘起过程，用比喻来讲，如同海风吹拂海面，浪花层层叠叠地逐层推动。这也象征着我们内心中的意识活动，其实就是缘起而生，只要有前序的因缘条件,后面的活动就会循此而生。

读到这里,大家或许已经开始理解,前面我们所谈到的,世界万物的运作都需要"条件",乃至谈到人与人、人与世界之间存在的莫可道明的"缘分",都是在比较粗略的框架下来谈缘起。也就是说,我们虽然可以大致推导出这个世界依着某种因果律在运作,但这对于"灭苦"而言,并没有太直接的效果。而"十二因缘"则是将观察缘起的视角引入对"心意识"的观察,试图从中了解,我们的烦恼何以产生,又是如何运作的。根据佛陀的体会,生命之所以不断"轮回",本质上在于我们的"无明",也就是不了解世界的真相。而这种"无明"就会推动着我们依着缘起法的逻辑不断地推进、造作,形成"爱、取、有"的缘起链条,我们在爱染、执着与自我中心主义的生命海洋中浮浮沉沉,烦恼丛生,不能自拔,直到生命的最后一刻,因为对于"老死"恐惧担忧,又会进入新一轮的生命迷途。

由此可知,"十二因缘"的内涵其实与"四圣谛"殊途同归,"四圣谛"以世间之苦作为基础,继而讨论"苦集"与"灭苦之法",而"十二因缘"则以"轮回"作为最深切的苦,进而从生命流转的角度去思考为何我们会不自主,进一步从"缘起相依"的角度去深入观察,我们的无明到底是如何通过"爱、取、有"等因缘的相续生起,而让我们的人生"盲目并痛苦着"。

第五章

Chapter Five

世界是"真实"的吗？

一切有为法，如梦幻泡影。如露亦如电，应作如是观。

——《金刚经》

前面我们大致谈到了佛学的两个基本理论,分别是四圣谛和十二缘起,其实佛陀谈这些理论,并不是想建立什么所谓的概念体系,而是要面对一个重要的问题,也就是我们所感受到的"苦",其实是来自认知的"无明"。比如就"四圣谛"而言,佛陀希望我们从现实人生中的"苦"开始观察,去进一步寻找"苦"的原因,然后借助"灭苦"的方法,最终达到觉悟的状态。而就"十二缘起"而言,则是要去观察为何我们的"苦"会循环不息,一再重复,那并不是因为外界环境的问题,而是错误认知环环相扣,最终导致我们困在难以跳脱的烦恼结中。因此,要解决这种认知上的迷障,就需要明白错误的症结在何处,从而才能摆脱这种无尽的"苦海轮回"。

　　因此,佛陀在经典中反复说明,我们的当下认知是错误的,也就是所谓的"无明"。那么真实的世界到底是怎样的? 佛陀觉悟到的境界到底是什么? 我们常常听到佛教在说明世间真相时有一个比喻的说法,那就是"如梦如幻"。在《金刚经》中就有这样的偈子:"一切有为法,如梦幻泡影。如露亦如电,应作如是观。"其中谈到的所谓的"有为法",指的是这个世界一切生生灭灭的事物,佛陀认为，这世间一切其实都如梦如幻一般。

世间如梦，其实讲的是人生不如我们当下想象的那样"真实"，此处的"真实"，是说我们在潜意识里将世界看作是恒常稳定的，而且视为唯一的存在。一般人执着世间为"真"，毕生不放，而当无常袭来时，心中所执着的一切开始毁坏变化，于是就悲苦不宁。因此，佛教谈"人生如梦"，并非是消极地否定人生意义，而是从客观的角度讲，人生不是我们想象的那样恒常稳固。

在中国文化中谈到"人生如梦"，大多都是因为感觉到时光如白驹过隙，岁月无常，"少壮能几时，鬓发各已苍"。正因此，每到人生失意时，都会顺口感叹一声"人生如梦"。古人有"欢爱今何在，悲啼亦是空。同为一夜梦，共过十年中"的诗句，无非也是感叹世间无常，想留的留不住，就算有"南柯一梦"的美事，也不过是一顿黄粱煮熟的时光，好比新婚燕尔，蜜月又能持续多久？短暂的"美好"，对于人生漫长旅途而言，反而有时候显得更加残酷。

其实谈人生如梦，归根到底是要陈述一个真相，那就是造成我们人生苦恼的根本原因，其实在于没有看清这个世界其实是"不真实"的。

但是，什么叫作"不真实"？这个世界又是如何"不真实"？

一、无知才是幸福?

还是先从一部大家熟悉的电影说起吧。《黑客帝国》是沃卓斯基兄弟(他们后又变性为姐妹)导演的名作,一度因为其内容包含有大量宗教、哲学的问题而引起广泛的讨论,里面涉及的宗教包括佛教、印度教、基督教、犹太教等几乎所有的主流宗教,还涉及相当多的哲学议题,所以也常常被哲学课程拿来当讨论材料。

《黑客帝国》主要描绘了一个由 MATRIX(矩阵)程序控制的人类世界,在这个世界中,由于真实的地球已经濒临毁灭,资源短缺,人类都被人工智能掌控,而被集中浸泡在培养皿之中,MATRIX 通过程序指令让这些浸泡在营养液里的人类,获得一种日常生活的体验,在这个通过程序编码所构建的虚幻世界中生、老、病、死,并将此视为唯一真实的世界,但事实上,他们却只不过是身处培养皿中的一个个依靠电子讯号而生存的躯壳而已。

主人公尼奥(Neo)正是在这样的虚幻世界中逐渐感觉到生命的异样,从而展开了一场逃离 MATRIX 控制的惊险历程。这里不必详细介绍这部电影的细节,而只想撷取一个场景来作重点讨论,当尼奥从培养皿中苏醒并且逃离之后,墨菲斯为了让他了解曾经令他沉醉的虚拟世界的运作模式，通过人机输入接口，让他进入了程序所设定的虚拟情境，在这个程序所建构的世界里，墨菲斯问了尼奥一个令人困惑的问题："什么是真实？"

所谓"真实"（Reality），在哲学上大概可以分两个角度切入。一个是认知主体的角度，一个则是认知对象的角度。前者为主，后者为客。从认知主体的角度出发，我们通过感官或者理性去认知世界，最终获得对世界本质的理解，也就是认为人是有能力去理解真理的。当然也有人认为，人类的认知存在缺陷，其实无法了解普遍的真理。而如果从认知对象的角度出发，会认为被认知的对象自然具备超越认知主体的绝对真实性，不以认知主体的能力而改变。

从认知对象角度来看，尽管认知主体能够确认自己的感官体验，但因为认知可能是不可靠的，所以无法准确把握对象的真实特质。那么"真实"的问题在这里转变成：被认知的对象的"真实性"到底是什么？认知者是否有能力把握"真实性"？这里说的"真实性"指的是存在的本质，而这种"本质"不以人类的有限感官和认知为标准，而另有其绝对性。这也就是说，无论我们用感官所感受到的，还是用抽象理性思维去认知的世界，它都具有恒常不变的真实本质，那代表着世界的"真实"。这就是传统形而上学的思考方式。

回到认知主体的角度,那我们是通过什么来确认"真实性"呢?在《黑客帝国》中有这样一段台词,是墨菲斯对尼奥的回答:"什么叫'真实'?你怎样给'真实'下定义?如果你说'真实'就是你能感觉到的东西,你能闻到的气味,你能尝到的味道,那么这个'真实'就是你大脑作出反应的电子信号。"

这里的质疑直接针对的是感官的不可信问题。既然我们的感官所获得的经验可以通过电子讯号输入大脑进行模拟,那就说明它没有绝对性,不是独一无二和不可复制的。所以我们日常的感官认知体验,比如吃牛排、闻花香,其实毫无特别之处,完全可以用其他的形式来加以替代。

尼奥在未觉醒之前对于"真实"的理解,就是感官所感知的一切:看到、听到、闻到、尝到乃至触碰到。但问题是,感官是否可信?古希腊的哲学家里,如赫拉克利特是相信感官经验的,但是巴门尼德、柏拉图,则对感官所获得的经验表示怀疑,认为感官世界是变动的,无法认知永恒普遍的真理。在电影中,墨菲斯质疑道,我们的感官经验表面上是如此的真实,但那只不过是电子讯号的模拟而已。既然经验可以无限复制,且不必通过感官获得,显然并不真实。

正是出于对感官经验与现象世界的怀疑,柏拉图才提出"理念世界"的说法，认为现象世界本身是变化的，只有真正的理性（心灵之眼）才能把握那背后不变的本质，即永恒的"理念世界"。

电影中讨论的内容显然并没有这么复杂，在电影中，"真实"与"虚假"泾渭分明，荒芜贫瘠的地球为真实的处境，那个熟悉的繁荣城市却只不过是虚假的幻象，但是我们的认知系统却无法辨别当下所处的环境是真是假。

那么，如果从认知主体角度来看的话，"真实"问题究竟意味着什么？

如果我们认为"真实"是已然确定的状态（或是一个具体的时空环境，或是一个确定的法则），那么其他的状态自然可以归类为"虚假"。比如在电影中，那个巨大的培养皿工厂是"真实"的，繁华的都市自然是"虚假"的。但是悖论在于，要想辨别是否"真实"，事实上需要认识到"虚幻"，也就是从 MATRIX 中醒来，才能了解何为"真实"。如同尼奥从培养皿中被拯救出来之后，才知道何者为真实，何者为虚幻一样。而且在这个过程中，他其实经历了一个半信半疑的煎熬阶段，最后才终于确认墨菲斯告诉他的是真实的。否则纵然墨菲斯告诉他什么是"真实世界"，他自己也无法辨别。也就是说，在单一的状态下，我们其实无法做出当下的环境真实与否的判断。

比如有人告诉你，你现在的感受只不过是虚幻的，而真实的你，身体其实浸泡在一个器皿里，脑部还连接着各种信号线。那么，你是否能接受这个结论呢？当然很难。但就算你用理性推断说，我们的感官或许是不可靠的，但从你的直接感受出发，你无法确认当下的状态是不是唯一真实的，因为你当下所体验到的是一种非常强烈的"真实感"。其实这个问题在哲学史上就有过相关的讨论，比如最有名的就是普特南曾在《理性、真理与历史》中提出一个"缸中之脑"的哲学假设：

> 一个人（可以假设是你自己）被邪恶科学家施行了手术，他的脑被从身体上切了下来，放进一个盛有维持脑存活营养液的缸中。脑的神经末梢连接在计算机上，这台计算机按照程序向脑传送信息，以使他保持一切完全正常的幻觉。对于他来说，似乎人、物体、天空还都存在，自身的运动、身体感觉都可以输入。这个脑还可以被输入或截取记忆（截取掉大脑手术的记忆，然后输入他可能经历的各种环境、日常生活）。他甚至可以被输入代码，"感觉"到他自己正在这里阅读一段有趣而荒唐的文字。

普特南所假设的"缸中之脑"，自身是无法确认自己是否在真实世界中，抑或只是依赖外在的电子信号输入来获得这些所谓"真实"体验的。这里的问题是："当下的你如何担保你自己不是在这种困境之中？"

在诺兰导演的电影《盗梦空间》中，也谈到类似的问题。当主人公通过程序接口进入梦境后，就无法分辨何时为"梦境"，何时才是"真实世界"，唯有借助每个人的图腾（如陀螺是否停转）来确认当下的处境。这也足以说明，仅仅凭借我们的感官，事实上是无法确认当下的状态究竟是不是唯一真实的，而那个图腾，只不过是导演设置的"觉悟之眼"的道具而已。

在今敏的《红辣椒》中，"梦境"和"现实"是以更为复杂的镜像与交涉关系，让"真实"与"现实"不断地来回切换。现实生活中的主人公千叶与梦境中的红辣椒最终已经很难分别谁才是真实，谁才是虚幻。**这种彼此都真实，彼此都虚幻的意象，其实更接近于佛教对于"真实性"的表达**，也就是《金刚经》中的著名偈子："一切有为法，如梦幻泡影。如露亦如电，应作如是观。"也就是说，所有的"真实"都如梦如幻，而所有的"梦境"都真实不虚，所以人生其实就是"梦与梦的交际，形成了梦的旋涡"，所谓的"事实"不过就是"虚构"，"虚构"也成了"事实"。当然，影片的结尾最终仍然以千叶那句"我也是好久没做这么厉害的梦了"，而重新拉回到真实的世界。

美国有一家以虚拟体验而闻名的公司——Magic Leap,曾经在网络上发布过一个博物馆虚拟体验系统。其中的一个场景就是让虚拟鲸鱼突然跃出水面,因为模拟得如此真实,以至于那一瞬间,观众根本就认为那是真正的鲸鱼。不过这样的感官体验毕竟只有很短的时间,所以人们可以清楚地在真实与虚幻的感受之间切换,迅速了解何者为真,何者为假,但在那一瞬间,你的认知其实是被欺骗的。我们可以设想,如果这样的虚拟体验持续下去,你或许就会认为这样的"虚拟体验"就是真实世界。如今的虚拟现实技术在迅速发展,虽然这些技术目前还存在许多限制,但其目标都是试图让人可以体验多元的"真实",也就是通过虚拟技术让我们获得另外一种"真实感",以满足人类寻求多重体验的好奇心。我们可以在虚拟世界里扮演不同的角色,甚至获得与现实世界相同的感官刺激,就如同《西部世界》中那些为了发泄欲望而进入园区与那些仿真机器人互动的游客,只因为他知道那些机器人都是"假"的,但是他们在那一刻却获得了"真实"的满足。看上去,何谓"真实",何谓"虚假",最终似乎只是依赖于我们的认知而已。

我们似乎已经感觉到,当谈"真实"的时候,其实需要有一个"虚幻"的对象作为对比参照系。如果没有"虚幻"的体验做参考,"真实"问题要么无需讨论,要么无从谈起。就像《楚门的世界》一样，除非最终谜底揭晓，楚门无法知道自己所处的其实是一个被秘密窥探的巨大摄影棚。

在《黑客帝国》中，导演设定了一个"造物主"角色，即最高的程序设计者。这个逻辑与西方思想中的"第一因"思维十分相似。所谓的"第一因"，其实就是造物主或第一推动力，由此创造出世界万物或者作为推动世界的演化的最初动力。世界的运作以及人类的发展，也不过是造物主所设定的程序，但你却因身处局中，没有感受到自己不过是前台的"傀儡"而已。

假如人类能够稳定地在这样的程序中生活，当然不可能想要去寻找另外的"真实"。但在 MATRIX 里面，却有人隐隐约约地感觉人生的不对劲，而且想要寻求世界的真相，这就是电影中预留的"觉醒"的可能性，这属于 MATRIX 的一个 bug(漏洞)。正是这样的 bug，才让人有了觉醒的可能性。也就是说，对当下自己的所谓"体验"产生怀疑，不再确信那是唯一真实，才会真正开启想要觉醒的道路，这也如同悉达多太子当年看到三个城门的"老、病、死"的时候，因为感受到强烈的人生虚幻感，所以才会想要寻求生命的终极解脱一样。

当然，"觉醒"并不那么容易。我们仍然会被感官体验牢牢地束缚，寻找脑海里所泛起的欲望之乐，就算是知道当下并非真实，也并不一定想要远离这种虚假的生活。比如在影片中有这样一个片段：在一部分先觉醒的人当中，出现了一名叛徒，试图消灭这些逃脱 MATRIX 控制的人。这名叛徒一边喝着葡萄酒，一边吃着牛排，为他的叛变解释道："我清楚地知道这些味觉只不过是些电子讯号的假象，但是当我咀嚼着牛排时，我还是感觉到它鲜美多汁，我很喜欢。无知才是幸福。"

这难道不像我们吗？明明在理性上知道感官并不可靠，这个世界可能也并不如我们想象的那般真实，但是我们还是会沉溺在感官欲望之中，不愿醒来，甚至不愿意去真诚地面对和思考，除非人生遭遇到莫大的苦难，能够让我们痛定思痛，才肯勉强转身反省。

所以，《黑客帝国》中的一个重要主题，其实是在询问我们每个人：我们当下沉溺其中的"真实世界"究竟是不是唯一的真相，而我们是否又愿意去真正踏上一条探求"真实"的觉醒道路。

二、何为"出离"

关于真实与虚拟体验的关系，我曾在某个课堂上和听众有这样的一段对话：

学员：我是做游戏开发的，游戏开发有一个目标，就是让游戏的体验越来越真实。当你玩游戏时，那个游戏给你非常多的视觉刺激，让你能体验到真实的喜怒哀乐，虽然那些画面完全是虚幻的，与真实世界相差如此之大，但是你却觉得那就是真实的。

现在的许多游戏都是针对男性游戏玩家在暴力宣泄方面的需求，譬如《使命召唤》这一类战争类游戏，都是满足玩家的占有欲、胜利欲、毁灭欲，而且它们在利用感官创造另外一种"真实性体验"方面，的确是非常成功的。

成庆：这些虚拟体验似乎都是从基本的欲望入手，让人们可以不借助于真实的接触而得到心理上的满足，这是否说明我们其实并不需要去接触某些"真实"的东西，就可以获得某些"真实"的体验。

例如，为什么日本现在的"御宅族"越来越不喜欢真实的恋爱？

学员：曾经受邀参加过 VR 开发者峰会，其中一位日本的著名游戏开发制作人开发了一个恋爱游戏，可以通过头戴 VR 头盔与虚拟女友互动，进行情感方面的交流。可见，恋爱也是可以被模拟出来的。现在流行的二次元文化，就是通过卡通的 2D 形象来满足宅男们的欲望体验，这对于一般人而言，无疑是非常奇怪的,因为世界开始变成:真实的东西不被需求,虚拟的体验反而更加受到欢迎。

以上的讨论其实是在说,我们欲望体验的满足,已经慢慢可以通过技术模拟的手段来替代。这意味着,人类的欲望体验从某个层面来看其实是不唯一的,也并不是绝对真实的,因为它可以通过其他方式去替代,去模拟。也正是如此,去谈一次"真实的恋爱"似乎变得并不那么重要,因为我们可以通过虚拟设备,乃至通过对二次元人物的意识想象,获得近似的精神满足。假如这种技术模拟与仿真继续发展下去,直至我们的感官都无法分辨真假,那么现实的人生体验完全可以被虚拟技术替代。

而且,我们是如此迷恋且执着于感官欲望的世界,就算那只是模拟出来的体验,我们也会沉溺其中。为了欲望满足而生活,不就是我们应该的生活状态吗?每天工作、吃饭、娱乐,拼命地消费与享受生活,依靠欲望来确认自己的存在感,让自己"活得真实"。一旦稍微放下对欲望的执着,反而容易产生空虚与无聊。但是感官的体验实在很难稳定,变化无常,此一时彼一时,同样的美食,今日或许以为佳肴,明日则会视为糟粕。就好像饥饿时,无论什么都觉得味美,食指大动,一旦饱足之后,则觉乏味,所以就需要追逐更多的欲望对象,才能保证自己不至于腻烦。

　　显然，现代社会的消费主义都是建立在对感官欲望的褒扬和肯定的基础之上的，让我们的欲望得到满足，为了这种满足感，从而投身于任何可以获得财富的机制中，也就是今天我们常常讨论的"内卷"。可是我们需要问的是：这种感官的欲望满足真的是人类的宿命？我们汲汲一生所追求的这些体验究竟拥有什么样的价值，需要让我们那么偏执地去毕生追寻？

　　而很多人虽然对当下生活道路和社会主流价值不满，但无法寻找到自己生命的出口，浅层的欲望满足往往就成为他们最容易的选择。虽然他们是以反叛的心态出发，却又一次成为主流价值的奴隶。

　　但是，逃入欲望港湾不仅没有真正解决问题，反而让他们陷入一个更深的陷阱之中。当他们试图反叛主流社会为年轻人所设置的种种人生目标时，反过来却常常堕落到大规模制造的廉价、粗鄙的欲望满足之中，进而造成精神上的极度焦虑与不安。

　　其实，就算是那些所谓求取上进的年轻人，其实也多是在追逐纯粹欲望的生活，他们有着精密的工具理性思维和稳健的人生规划能力，而这一切的终点也只不过是为了满足自己的感官欲望——学习是为了好工作，好工作是为了赚钱，而赚钱则当然是为了可以自由地消费，而消费最终只不过是让身心欲望一次次得到满足。

要回应和反驳这样一套价值观，其实道德层面的说教与批判已经没有太多力量。"为了欲望而活"，通过消费过程而证明自己人生的"存在感"，已经变成这个时代的迫切冲动。而要做到这一点，那就是不断满足升高的欲望阈值。车要越来越豪华，住房要越来越宽敞，衣饰要越来越奢侈。我们不仅要通过消费品获得身体层面的满足，而且还需要外在价格来让自己的心理得到加持，以此彰显自己的存在"身价"。

但是如果跳出来看这套心理逻辑，它无疑已经形成了一个恶性循环：我们之所以沉醉于这些欲望感受中，无非是因为它让我们感觉到真实，我们会理所当然地认为感官体验到的世界是唯一的可能。但是，"欲望满足"真的具备生命价值的唯一正当性吗？

还是回到佛陀时代吧，悉达多贵为太子，享受时人眼中的美食华服，静候权力大位，但是他从人世间看到的却是根源上的人生之"苦"。这种"苦"不是感官欲望的快乐，而是感官欲望暂时满足后依旧存在的无奈与不自由。因为无论如何纵情享受欲望，都势必面临这种满足感的消散，以及最终我们需要面对的死亡结局，这让我们所有人对于欲望的追逐，瞬间失去了其特别的魅力与价值。而那些甘心沉溺其中的人，在放纵过程中也不断面临欲望越发难以满足的现实。要想超越欲望的束缚,则需要看穿欲望的本质,这才是佛陀寻求解脱的动机和逻辑。

因此,看清欲望世界是否"真实",就成为我们关注的重点。而且一旦对人生的真实性产生怀疑,就会如同《黑客帝国》里墨菲斯形容尼奥的那样,他的人生似乎处在一种"半梦半醒"的状态。"半梦半醒"指的是,好像总觉得当下的世界有一点不对劲,就如同昆德拉的小说描述的那样,总是感觉自己"生活在别处"。

就像在今天的社会里,大多数父母给子女灌输的观念还是,赚钱、结婚、繁衍生息,很多年轻人未尝不彷徨、不迷惑,总是感觉这个世界和自己想象的不大一样。

而且,一旦产生生命意义的困惑,就会对很多问题产生一连串的质疑。例如,生命的真实本质到底是什么?追求欲望是否是错误的目标?我们所追求的所谓欲望,为何具备如此大的吸引力,又为何让我们受到它的反噬?

随着娱乐产业、消费产业的快速发展,互联网与VR虚拟现实技术的突破,我们通过视听获得感官欲望满足越来越容易,人生的幸福感似乎举手可得。现代社会的消费主义正通过廉价欲望的生产来批量制造幸福感。但令人错愕的是,今天同时也是一个精神高度焦虑不安的时代。据世界卫生组织统计,目前全球有近10亿人患有精神障碍,每年约有100万人因抑郁症而选择自杀,而这些人多是生活在物质水平并不贫困的地方。在物质极大丰富的当代社会，我们却没有因衣食饱足、娱乐工业发达而得到"幸福"，这又到底是为什么？

环顾四周，地铁上几乎所有的人都埋首于自己的"小宇宙"——手机之中，人们不断地刷着微信，看着各种视频，把自己每一分每一秒的时间空隙都填得满满的。漫长的一段旅程，我们的心可以紧紧地和手机这个对象捆绑起来，不会感觉无聊。突然有一天与手机隔绝，强烈的空虚感便汹涌而来。我们不是依靠欲望的满足而获得幸福感吗？为何人类发明的种种科技产品，不仅没有让我们消除苦恼，反而带来了更为剧烈的不安？到底是什么，在我们充分享受感官欲望的同时，也埋下了烦恼的种子？

而且，欲望的满足又好像一个跷跷板，当我们越用力地去寻找幸福，就越容易看到对面那突兀而立的沮丧、空虚和绝望。

要如何应对这样的精神症候？无论是"御宅"，还是"佛系""躺平"等话语的大量流行，不过是对于这种困境的初步且直接的反应，在这背后究竟要以怎样的思想资源去反思与应对，事实上需要我们重新审视自身的精神世界，重新审视传统的某些思想资源。这也是这些年国学热、汉服热、茶道热、古琴文化热的原因，虽然这些文化热潮仍然更多是在表面符号上的努力，但是一旦开始寻找心灵的出路,传统儒释道的思想资源自然会成为我们关注的焦点。

这种文化、精神资源的转向,本质上就是对当下生命状态的某种质疑,也就是所谓的心灵觉醒,重新审视被感官欲望和消费主义所牢牢限制的生命选择。而一旦我们去重新思考浸泡已久的"欲望文化",进而去思考背后的逻辑,这其实就是一种"出离心",它意味着一个想要"出走"的开端,让我们开始反观欲望本身。

《黑客帝国》中的尼奥就属于这样的人,他隐约感觉到人生有一些不对劲,在"真实"和"虚幻"的缝隙中拼命挣扎,最终走向觉醒,而这和两千多年前的悉达多太子无疑殊途同归。

在电影中,墨菲斯对尼奥说出这样一段令人感动的话:

> 让我来告诉你,你为什么会来这里。你来这里是因为你领悟了某种东西。某种你无法解释的东西。但是你能感觉到它。这种感觉伴随着你的人生。这个世界一定有什么地方不对劲,尽管你说不上来,但它一定存在。这种感觉就像心头的一根刺,让你寝食难安。就是这种感觉,把你带到我这里来。

三、佛教如何探求"真实"

关于"真实"问题,佛教是从认知者的"迷"与"觉"的角度来看。更重要的是,佛教关切的重点更多是在生命的解脱层面,而不仅仅是单纯的形而上思辨。因此佛教对于问题的思考,都会落实在人的觉醒层面来谈。

所谓"迷",就是身处虚幻处境之中却错以为真,一旦觉悟后,才能了解人生如梦如幻。因为知道世间原来不真实,心中才会理所当然地放下过去种种错误的执着。所以佛教常用"梦"与"醒"的譬喻来形容"迷"和"觉"的对比,以"梦"喻"迷",以"醒"喻"觉"。

但是佛教谈"觉",与形而上学的哲学探讨有所不同。在柏拉图那里,"理性之眼"是探索真实的工具,即通过理性的思辨去认知真理。但是尽管我们可以用理性了解感官体验的不可靠,却不足以让我们真正地"醒悟"。因为我们只不过是在"梦"里去推测去怀疑"梦"之不真实,却无法在当下真正体验到什么是"觉醒"。这也意味着,仅仅通过理性,并不足以让我们了解到真实。而且在日常生活中,我们的大部分认知往往是偏离理性的,乃至反理性的,因为我们多数只是依靠某种本能反应而生活,而非一种反思性的行为。所以柏拉图笔下的苏格拉底,最终也只是讲出："我唯一所知道的，就是我一无所知。"这当然并非是在通俗意义上的自嘲，而是在描述意识反思的限度。

那么，为何我们理性能够推导出感官认知的不可靠性，但是在直觉认知中，却无法在当下去洞察感官的局限呢？这或许就需要对我们的认知过程做一番考察，而佛教在这方面有较为详细的解释。

首先，佛教认为，我们认知的过程是通过眼、耳、鼻、舌、身、意（佛教将此命名为"六根"）去体验和理解世界的。眼、耳、鼻、舌、身这五个感官一目了然，即眼睛、耳朵、鼻子、舌头、身体，它们所认知的对象分别对应色（颜色、大小、形状等）、声（声音）、香（各种气味）、味（酸甜苦辣等味觉）、触（身体所感受的涩、滑、软、硬等），这些都是我们熟悉的感官体验。"意根"则负责纯粹意识的认知，其对象为"法"，也就是概念与名相。意识会对接收到的感官体验，也就是前面五根所获得的信息加以概念化和抽象化，不仅形成关于世界的一套认知符号，而且对世界作出好坏、善恶等偏好的判断。

举例而言，当我们的眼根接触到外界环境，比如看到手机，首先是感受它的颜色、形状，然后交给意根进行信息的处理与判断，这些信息经由意识进入过去的经验进行搜索和匹配，辨识出它是什么物品（名称）、它应具有什么功能(特质)等等,并且根据自己的偏好,来定义好坏、善恶、优劣等等。

当我们面对手机时,我们虽然可以感受到其质感、形状、颜色,但意识经验中如果没有过往对于手机的经验,就不能将其迅速归纳到我们的认知体系里,也就是说,我们无法给予抽象的分类与命名,那只是一个新事物而已。但只要我们接触过,并且了解手机的知识,当我们看见它时,意识就能迅速界定它究竟是什么,因为人类是依靠概念符号来获取信息、储存信息乃至于分享信息的。

因此,虽然我们的眼、耳、鼻、舌、身这五种感官负责接收外界的信息,但是最关键的却是意识。所以在《黑客帝国》中,躺在培养皿里的人类并不需要眼根、耳根、鼻根、舌根、身根的作用,而是直接进入"意根"层面。现在流行的 VR(虚拟真实)技术,通过影像视觉的模拟就可以让人获得极度真切的体验,而在《黑客帝国》中,则是直接从"意识"层面输入信息,其他感官则完全忽略不计了。

既然感官并不可靠,如果想要认识真实,我们又能依靠什么?

就像借助肉眼无法观察到原子世界一样,我们也只能通过理性的思辨和逻辑去推测世界的真实本质。但是无论如何推理,都只是一种逻辑的演绎而已,我们的生命仍然困在当下的感官体验世界之中。就像我们虽然知道许多抽象的道理，但是遇到真实的生活环境，我们仍然被一种本能性的感官体验摆布，甚至情绪泛滥成灾，以至于常常感受到很强烈的挫折感。其实这背后的真正原因是，我们或许根本没有掌握认知"真实"的正确方法。

在人类文明史上，有人强调只有依靠"理性之眼"，才能抵达"真实"，这也发展出非常丰富的哲学思辨传统；而现代科学则是通过具有可验证性的实验方法去探索自然世界，也就是借助"升级感官"（科学仪器）去认识。也就是说，要真正理解"真实"，或许首先要回到我们要借助什么样的认知工具这个问题上来。

从某个意义上来讲，佛教探索"真实"的方式和哲学或科学都各有一些相似性。和哲学相近的部分是，佛教也有自己的理论法则，比如区分佛法与非佛法的重要原则三法印——诸行无常、诸法无我，涅槃寂静，以及佛教的论证逻辑（因明学）等；而与科学比较接近的是，佛教其实也是通过可验证性来探索所谓"真实"的。只不过，自然科学的验证多是利用科学实验仪器对外部世界进行探索，而佛教（以及其他传统东方学说）则是以人的身心为实践工具，通过一定的修行技术来观察和了解生命运作的逻辑。在印度，无论是佛教还是婆罗门的修行者，他们的实践方法其实都来自瑜伽修行传统，比如在《瑜伽真性奥义书》里，就详细地介绍了关于呼吸的实践方法。而这也发展出后来被印度修行者普遍实践的禅定修行方法，佛陀就曾经向当时的许多修行者学习这些方法。这一类实践与体验，因为都只局限在少数人的范围，所以常常被视为"神秘主义体验"。但与某些所谓的神启体验不同的是，从古印度发展出来的禅定实践，是一种主动、可验证的修行体系，这也使得探索"真实"成为可能。

举例来说，如果想要认知人类由什么物质结构组成，我们当然可以利用显微镜等各种工具，去观察人类的生理组织，我们会发现一个个的细胞，乃至细胞核等等。这意味着，我们通过更精密的工具，能观察到更深邃的"真实"。假如我们使用的是粒子对撞机，所探测到的则是粒子层级的"真实"世界。在哲学的形而上学传统里，有一种看法认为只需要通过理性认知与反思，就可以把握"真实"，而近代哲学传统则开始探究人类究竟有没有可能理解"真实"，所以整个哲学的发展就偏向于认识论领域，也就是探讨人到底是如何认知世界的。显然，人类在探讨寻找"真实"的过程中所面对的一个重要问题，就是我们如何认知，以及利用什么来认知。

譬如，时间是不是绝对的？我们会习惯性认为当然如此。但如果按照理论物理学的说法，时间其实是相对的。

如何证明时间是相对的？除了理论的推演，当然还可以通过科学实验去真实地观察。比如我们可以发现随着速度和重力的差异，物理时钟也同时呈现出差别。有一个著名的物理实验就是，1971 年，约瑟夫·黑费勒（Joseph Hafele）与理查德·基廷（Richard Keating）这两位物理学家在两架飞机上分别放上了铯原子钟，但两架飞机的飞行方向是相反的，一架与地球自转方向一致，另一架则相反，结果两架飞机上的时钟分别慢了 0.04 微秒和快了 0.3 微秒。这就是通过科学实验来验证与常识经验完全相悖的理论推导。

因此，佛教与自然科学的探索方式，都会强调要亲自"证实"（体验或观察）所谓的真理，但这种"证实"不能停留在理性的意识反思层面，因为我们始终会被感官的虚假体验包围和干扰，非常容易被这种表浅的感官认知所主宰，而理性的反思能力则根本无法加以彻底矫正。

由此，我们会发现，佛教当然关注世界的真相问题，但是其寻找"真实"的方式，是通过个人身心的训练与观察，去了解我们的认知（佛教一般谈的是"心"）究竟是如何运作的，这背后到底蕴藏着什么规律。而佛陀在菩提树下的那七七四十九天的禅定修行，就是以如此的方式，完成了所谓的"觉悟"。

第六章
Chapter Six

"不二"与"空"

善哉，善哉！乃至无有文字、语言，是真入不二法门。

——《维摩诘所说经》

有时候问刚接触佛学的朋友,你们对佛教大概有什么印象,很多人会毫不犹豫地说:"四大皆空啊!"继续追问下去,大多数人只会含混回答,那大概是说人的生命没有什么意义,形同"虚无"吧。

大部分国人或许都是如此理解"空"的,将其看作是生命意义的虚无感,所以中国人每每走到人生绝望处,就会习惯来一句聊以自慰的口头禅:"人生嘛,四大皆空!"虽说消极,但这时多少也能让那颗执着世间欲望名利的心暂时得到一些心理补偿:对啊,人生到头来都没什么意义,得不到的就不要太执着了吧!尽管这样的心灵鸡汤化的理解其实并不准确,也无法彻底地解决我们的心灵问题,但多少也能像阿司匹林一样,暂时止痛疗愈一下。

但是,"四大皆空"到底是什么意思?

"空",是佛教最为难以理解的词汇之一,也是佛教自东汉年间传入中国之后历经五百年才被华夏文化充分理解的观念。中国佛教史上最为伟大的翻译家之一——鸠摩罗什,曾创造性地翻译出"色即是空,空即是色;色不异空,空不异色",这无疑是中国思想史的里程碑之一。在此之前，华夏文化中只存在"有"与"无"的二元分野，虽有道家的"有无相生"，但仍然没有彻底跳出二元思维的窠臼，而佛教则借助"空"的概念诠释这种二元论背后的真相，给华夏文化带来了一种非常独特的思想资源。

一、佛法的东传

我们可以简短地回溯一下佛教东传的历史，这其实也是中国人对于"空"观念的接受史。

佛陀的一生行迹，主要集中在北印度，不断地游走弘化，也借着弟子以及在家居士的协助，让不同于婆罗门的佛法观念开始逐渐传播至全印度。根据学者的相关研究，当佛陀入灭之后，僧团开始迅速向南方扩张，直至今天的斯里兰卡。而佛陀在世时，佛陀的弟子们其实已经前往西印度弘法。在这个漫长的过程中，僧团由于分布越来越分散，所以关于一些佛陀教法的理解也开始出现分歧，这也是后来上座部与大众部佛教各自发展的直接原因。大家较为熟悉的所谓"小乘"与"大乘"佛教的分歧，也都是在这个过程中慢慢酝酿发展出来的。相对而言，"大乘"（大众部）属于潜流，而"小乘"（上座部）则占据主流的地位。

在佛陀入灭之后一百多年,佛教迎接来一位非常重要的护法者,那就是孔雀王朝的阿育王。根据史书记载,阿育王年轻时四处征伐,残暴凶悍,后来因在战争中看见无辜生命的惨死,生起怜悯与惭愧之心,体悟到暴力之罪恶深重,因此皈依佛教,立志弘扬佛法。于是他开始大量地供养僧团,并且遣使前往各地去供奉佛舍利塔等等,成为佛陀入灭后佛教的关键推广者。佛教由此开始在全印度整个扩散开来,甚至远到邻国,如叙利亚、埃及等地。

顺着印度的西北方向,佛教逐渐进入西域地区,如罽宾、龟兹等地,而这些我们熟悉的地名,正是佛教传入中国的重要中转站。最早进入中国的僧人,也主要是西域人,例如安世高是安息国的王子,另外有一位出身于商人世家的安息人安玄,也在公元 2 世纪左右到达洛阳。月氏国出身的僧人也有不少,如支谦的祖先就是从月氏迁居至中国的,另外一位有名的僧人康僧会则是康居国商人之子。

虽然目前关于佛教最早来到中国的具体时间,据可见的史料无法得出权威结论,但是一般都会认为,佛教在东汉年间已经进入中国,并且开始影响到上层权力阶层,如楚王英就已在供佛设斋。不过被人称道的"白马驮经"的故事,到底多少成分是后世传说,还是其中的主人公摄摩腾与竺法兰另有其人,我们今天还无法确认;就连那洛阳城西的白马寺,究竟是因为白马驮经僧所居之处而得名,还是如《高僧传》中所记载的那般,因为白马绕塔悲鸣而得名,也迄无定论。

但这或许不是最重要的部分,重要的是,历经漫长的岁月,发源于印度的佛教教义、造像、经典,乃至出家沙门,通过陆地、海上的丝路到达中原。我们可以想象的是,丝路巨大商业利益的吸引力,让商人们通过驼队或海船来往天竺与华夏,佛教就是借助这样强有力的商业力量,最终"征服了中国"。

从东汉开始,士人逐渐接受佛教,并且因为皇权的关系,佛教慢慢得到王室的护持与推广,进而这样一种非常智识化的宗教得以在华夏土地之上生根发芽。我们今天所看到的佛教的种种形态,则是它深入中国民间社会的结果。如果没有当年的门阀子弟与士人们接受佛教,甚至出家修行,佛教对于中国而言,大概还只是异国文化而已。

早期进入中国的佛教僧人,主要是来自印度与西域的异乡人,汉人既没有出家者,对佛教的接受程度也不高,毕竟佛教僧人剃除头发、身着袈裟、手持钵器的形象,与华夏文化存在太大的差异。传统儒家"身体发肤,受之父母"的观念,使得剃发沙门的形象是格格不入的。《三国演义》里夏侯惇被一箭射中眼珠,他却拔出来吞下去,而且大喊道:"父精母血,不可弃也。"在中国最早的本土佛教著述——《牟子理惑论》中,大量谈到当时社会对于佛教的质疑,比如前面提到的"发肤"问题,"身体发肤,受之父母,不敢毁伤……今沙门剃头,何其违圣人之语,不合孝子之道",当时有人认为出家人剃除须发违背孝道。第二个质疑是,"沙门弃妻子,捐财货,或终身不娶,何其违福孝之行"。也就是说,不能生养后代就是不孝。更进一步还有夷夏文化的差异性问题,比如"学尧舜周孔之道,而今舍之,更学夷狄之术,不已惑乎?"意思是说,把传统的华夏文化丢弃一边,而去学印度传来的佛教,岂不是以夷变夏? 另外,印度僧人的托钵乞食传统也很难在汉地延续,因为"乞食"在华夏文化中被看作不齿下贱的行为,非但不会如印度那样受到尊重,会被敬为"福田"(供养僧人可以得到福德),反而会认为出家人乃为社会寄生者。

但是,随着这些天竺、西域僧人的持续弘化,魏晋时期开始有士人接受乃至笃信佛教。晋明帝时期,琅琊王氏家族的权力到达顶峰,王导和王敦二人权倾一时,但是很少有人知道,王导的弟弟释道宝"弱年信悟,避世辞荣,亲旧谏止,莫之能制"(《高僧传》);王导的侄子,也就是王敦的弟弟竺道潜,18岁就进入寺院出家。由此来看,东晋王室与出身于门阀的出家僧团有着非常深的联系,这也使得早期中国佛教最脆弱的时候,得到了政治精英的护持,这对于佛教的发展来说,无疑是关键的一步。

从思想演变来看,魏晋时期正是玄学清谈流行的时代,一方面是因为过去的天人感应的思想受到挑战,不再足以说明政治的变迁,另一方面是因为士人厌倦、远离政治,开始讨论一些纯粹的思想问题,于是士人无不谈玄说妙,代表人物则是今人熟知的"竹林七贤"。老庄玄学开始兴起,而佛教的义理正是借由玄谈而逐渐为门阀名士所接受。

这种对玄理思辨的兴趣诱发了士人对佛理的关注,僧人也必须要熟悉玄学才能与士人交游。如名僧支遁身边围绕的都是王公贵族以及当时的名士,例如郗超、王羲之等等,而王导则和竺法义、竺道潜、康僧渊、帛尸梨密多罗等僧人有着非常密切的交往。或许可以这么说,通过丝路传来的佛教,经由这些名士贵族出身的僧人,转译为中国人慢慢可以理解的佛法。

二、"空"与无本质

魏晋之际,中国人对于佛教教理,逐渐聚焦在所谓的"般若"思想上,也就是要理解什么是"空"。甚至有很多种关于"空"的不同学说,有讲"本无"的,有论"即色"的,也有说"心无"的。无论如何,魏晋高僧聚焦的关键问题,就是怎么理解"空"。

在前面,我们已介绍过"缘起"的观念。一切事物因"缘"而起,意味着它需要条件才能表现生、住、异、灭。既然需要各种条件才能如此,那么就说明它不是自足与自立的,也就没有本质。但是这里请注意的是,对于"空"的理解,在佛教中其实有不同的层次。比如前面介绍过一种理解"空"的方法,就是通过拆解的方式去寻找任何事物的本质,最后发现无法找到事物的本源所在,这种分析方法叫做"析空"。而般若思想则强调直接从事物的相待性入手去理解"空",颇类似道家的"有无相生"的理解方式,这种则叫做"体空"。无论何种方法,都会指向"空"的内涵,也就是"无本质"。

"无本质"是什么意思?按照柏拉图的说法,万物的背后其实有一个独立存在的"理念"。这是什么意思?简单而言,一张桌子之所以为桌子,不是我们通过感官能够认知的,恰恰相反,感官是有缺陷的,无法认知其本质,所以我们要通过"灵魂之眼"去把握桌子背后那纯粹的"理念",那是桌子之所以为桌子的关键。

关于这个问题,自古以来一直有很多的讨论。比如在印度,就有观点认为,世间万物都是由某位神灵创造出来的(比如自在天神创造了万物);有人则认为万物的本质其实是非常细微、不可再分的物质（极微）；也有人和柏拉图的观点接近，认为万物其实是由背后的一套理念法则所主宰。不管什么看法，都具有一个共性，就是认为万物存在一个可追溯的本质，无论这个本质是某种物质还是某个基本法则。

而佛陀当年反对婆罗门，不仅是看到种姓制度的不平等，更是从根源处的思想层面，发现了婆罗门及其他学说的缺陷。其核心就在于这些学说错认为世间万物存在某种本质。

佛教认为，一切事物没有不变的本质，并将其命名为"空"。我们一般会习惯将"空"理解为"无"，这其实是一种误解。佛教的"空"是在承认一切事物存在的基础之上，进一步告诉你，虽然万物都有其存在的样态（也就是所谓的"相"），但是却不是我们内心中想当然以为的那个"有本质的存在"。

比如落叶有它的真实本质吗？我们可以这么分析：首先，当你剖析这片树叶时，它可分为叶面和叶柄两部分，继续拆分下去，叶面可以分为表皮、叶肉和叶脉，最后我们进入到微观的细胞层面。原来那片秋日里缓缓飘下的落叶，竟然只是一堆细胞组合的形体而已。

不过，我们看到这片落叶时，其实并没有看到细胞的生灭，也没有看到叶肉和叶脉的枯萎，我们眼中看到的，只不过是一片枯黄的叶子缓缓落下而已。这片落叶让我们产生一种非常强烈的失落感,因为它昭示着一个真相:万物皆会死亡与消失。但是,这片落叶从萌芽开始,其实就从来没有停止变化过,既然它始终都是无常的,我们为何只是在落叶飘零时才会感受到人生短促、自然无情?

这其实是因为我们平常面对世间时,观察世界的能力是有限的,所以会不由自主地把很多事物都看作恒常的存在,但其实看不清,世界本来就是如此无常变化的。我们在落叶飘零时的那种感伤,不过是因为我们平常其实根本没有看清一切皆是无常变化的。

另举颜色为例。我们一般都会认为,"红色"应该具有"红色"的本质,有某种之所以成为"红色"的真实特性。就算有人不能辨识"红色",那也只不过是因为我们眼睛的功能有某些障碍。但是按照现代科学的分析,光是一种电磁波现象,可见光只是人眼所能感知到的某个特殊波段的电磁波而已。可见光所表现出来的颜色,是因为光的反射、折射作用,导致我们的视觉只能观察到某些波长的光线。假如我们将"红色"本质化为某些波长的电磁波的话,不管是人类的视觉,还是动物的视觉,甚至包括使用仪器去观察颜色,我们都会发现,所谓的"红色"并不绝对是"红色",它似乎是随着观察主体而变化的。如果"红色"要依赖观察主体才能成为"红色",那么它会是绝对的存在现象吗？它会拥有某种本质吗？

当然，我们也可以说，人类的感官本来不可靠，只有理性的灵魂之眼才能把握那绝对的本质，我们可以将认知不到事物的本质归结为没有绝对的认知能力。那什么才是至高无上的认知能力呢？

其实人类的认知方式，天生有一种"化约论"（还原论）的习惯，即将所有的现象一层层地按照因果链条回溯，最终归纳为某种本质化的原则或基本物质单位，这是一种近乎本能的"本质主义"思维。

但是如果我们假设"红色"只是一种相对的存在状态，需要依赖人眼才能辨识出所谓的"红色"，而其他的观察主体不一定能看到"红色"，这是否也存在一个可能性：并没有所谓本质的"红色"，其实"红色"不是"红色"，"蓝色"也不是"蓝色"，它表现为怎样，要依赖认知主体的观察能力。也就是说，认知主体对于认知对象的参与才能最终决定事物的相应状态。

这一点的确有些令人费解。所谓的本质，是指它不依外界而变的特质或原则，可以不依赖其他条件而存在。例如我们在美术馆欣赏一幅画，远看是某种可以辨识的形状，拉近至微距，不过是一个个模糊的像素点，如果我们继续用一个具有无限焦距的显微镜去观察这些像素点，我们又能观察到什么？

这幅画的本质究竟是什么?

我们欣赏这幅画时,作为一幅画作,它的存在本质似乎已经被我们界定完毕,也就是说,它是无可置疑的一幅"画作"。但这样一种认知模式,其实是将世间万物化约为一个个似乎存在某种本质的对象。但这些事物不过是因缘组合而成,时刻都在变化,我们只不过是在概念的牢笼中去描述和定义它。所以,我们所感觉的世界其实是被意识加工过的"本质世界"。而实际上,世间万物不仅随着因缘不断变化,而且,我们的认知也参与了对象的建构,但在我们的认知过程中,一旦认知对象被我们的意识抽象化和符号化,它就已经被"本质化"了。

还是让我们回到日常生活经验吧。平常我们都是依靠符号和概念进行交流,比如当我告诉你,街角有一家很文艺的咖啡厅,你的心里一定浮现出"咖啡厅"的概念以及相应的要素。

咖啡厅有什么本质吗?事实上,"咖啡厅"只不过是我们为了交流而临时约定的符号而已。如果你认为,只有"卖咖啡"的地方才能称为"咖啡厅",那么"咖啡"似乎就是"咖啡厅"的本质内涵了。但是咖啡有本质吗?咖啡也只不过是就我们的认知能力与状态对其的描述与命名,并不意味着它是某种绝对的存在物。

但在我们的日常经验中,都是给某一类大致具备某些功能、特征的事物赋予相对应的名称和概念，意识中便自然会将这个符号"本质化"，认为它具备某种不变而永恒的属性。但是，一旦我们将它们层层剖析，便会发现其实并没有本质。

记得孩童时代的暑假，我被父母从县城送到农村老家。乡下自然充满着无限的野趣，可以和小伙伴们一起去放牛、捉鱼。但也有一些生活方式的差异，例如就有这样的片段，当时与小伙伴在林下田间玩耍，突然内急，便会问其他小朋友哪里有厕所，这完全是因为在我的城镇生活经验里，大小便是需要"厕所"的，至少要有一定的封闭性，但是他们却只是随处一指："随便哪里都可以啊。"最初我的确是感觉到诧异的，就算最后还是在野外随处小便，当时的内心也是觉得尴尬无比的。抛开我们习惯的"文明卫生"的要求，这背后其实反映出，我们的语言、行为、思维都是被概念、符号牢牢地限制住的，比如"厕所"就一定要对应某种固定的形态。殊不知，"厕所"的形态从古至今，不知道经历过多少演变。而且当你身居"野外"，你又如何寻找到你心目中那个已经绝对化的"厕所"呢？

有的商家还会利用这种认知心理的错置去做一些商业主题的推广活动，比如"厕所餐厅"（Toilet Restaurant）的商业概念。这个概念最早出自英国，后来也进入到东亚地区。商家会用尿壶、便盆之类的容器来盛放食品，造成一种在视觉和味觉上强烈反差的心理效应。这其实也是因为在我们习惯的认知经验里，"尿壶""马桶"都已经被认定为"肮脏"的事物，被赋予了本质化的标签。大家其实也很容易联想到近代西方一件非常前卫的作品，也就是杜尚的《喷泉》，他使用了在纽约第五大道118号的J.L.莫特铁工坊连锁店购买的贝德福郡型陶瓷小便斗，并在上面署名"R. Mutt 1917"。对于《喷泉》这件作品的意义，杜尚曾经解释道："这件东西是谁动手做的并不重要，关键在于选择了这个生活中普通的东西，放在一个新地方，给了它一个新的名字和新的观看角度，它原来的作用消失了。"

这不就是解释一切事物皆无本质的最好范例吗？

又比如一句日常的对话，它的本质是什么？按照物理学的观测，声音是空气分子振动造成的物理现象。而对话不过是一种声音现象，其内涵是由人类利用复杂的符号交流系统所约定，这意味着声音本身根本不能代表什么，而是人利用一套符号建构的方式来给声音赋予彼此理解的意义与价值。关键之处在于认知主体，声音本身并不包含某种恒常不变的绝对信息。

因此，佛教强调"空"，在于说明一切事物没有本质，就是因为人的认知有一种根深蒂固的错觉，会看不到世间万物的无常性，所以当看似稳定的事物一旦变化时，内心就会产生一种与生俱来的执着不舍,见落叶而感伤,见别离而愁叹。

在日常经验中,我们都会直觉地认为很多事物都是不变的,根本不用质疑。而这种"不变"也就是所谓的拥有某种恒常的"本质性"。如果再深入分析,某个事物具有"本质"大概具备以下的特点:第一,它可以依赖自身而常存,而不假借其他条件;第二则是"独一性",即它为独一无二的;第三则是"常住",它可以长久不变化。

可是,我们的认知过程是极其迅速的,甚至连我们自己都无法看清这个过程,因此我们的认知无时无刻不是被误导的,举目看去,都会将所看到的世界视为存在某种"本质"。

关于这种根深蒂固的错觉,佛学有一个专业名词,叫做"自性见"。所谓"自性见",也就是我们会近乎出于本能地将世界看做是有某种本质的对象,包括"自我"也是如此,我们会认为有一个不变的、本质化的"我"存在。这种"自性见"无疑是妨碍我们了解真理的关键障碍。

虽然我们也可以通过反思来调整自己的看法,但是你在观察外界的时候,你的意识一定会认为它是真实存在而不会变化的。这是人类意识中难以消除的盲点,尽管可以通过理性的思考认知无常,但是在内心深处,你已经将其认为是"常"的。

从这个意义上而言,柏拉图认为感官认知不可靠,只有哲学的"沉思"才能把握真理;佛教则认为,感官认知的确不可靠,但是我们的意识反思也并不可靠,还需要进一步突破人类的认知障碍,才能真正把握真理。

那么要如何破除这种错误的认知?这就要进入佛教的实践层面来谈。大体而言,佛教对于如何把握与认知真理,分有不同的层次,依据深浅不同,则有相应的修行方法,比如"闻思修"。

所谓"闻思修",浅白地解释,就是分别从听闻、思维直到抛弃意识分别思维而进行的直观修行,来领悟佛陀在菩提树下所觉悟的真理内涵。

所以,佛教的修行并不反对"哲学的沉思",但这仍然是不够的,也就是说,明明我们通过思维可以知道世界是无常的,为何我们的内心深处,却不断涌现出一种冲动——这个世界似乎有一种内在而独存的本质?比如我们内心中的"自我感",好像总是存在一个"不变之我"似的。这种感觉究竟从何而来?我们能通过什么方式改变它吗?

三、龙树菩萨与《中论》

佛教为了要说明万物都没有自性,即没有本质,提出与其他宗教或学说很不一样的观点——缘起，也就是所谓的"空"。

关于"空"，佛教有大量经典进行论述，佛陀觉悟"缘起性空"是在菩提树下突破人类的认知障碍所获得的体验，一旦表达为文字与理论，似乎就变得让人眼花缭乱，不知如何把握。在佛典记载中，佛陀在觉悟之后感觉无人可以理解他所证悟的境界，自己感叹"我法妙难思"，甚至还不愿给众生讲法，后经过梵天神的劝说，才开始在鹿野苑为五比丘说"苦集灭道"的四谛法，开启了后来四十余年的讲法生涯。

在如此多的对"空性"的论述中，龙树菩萨的《中论》无疑是佛教史上的里程碑之一。也正是通过伟大的译师鸠摩罗什将龙树菩萨的《中论》《十二门论》以及龙树弟子提婆的《百论》翻译引入中土，引发了中国佛教魏晋南北朝时期关于"空"的思考与大讨论。或许可以说，龙树的思想是中国佛教的基础，而"空"的观念正是其中的门钥与枢纽。

关于龙树菩萨的生活年代，限于史料的关系，学界并无定论，粗略估计为公元 1 世纪至 3 世纪左右。据说他是南印度的婆罗门出身，年少聪颖，自幼便通达婆罗门的各种学问。在龙树菩萨的生平中，最为戏剧性的一段是他年轻时利用所习的隐身术潜入王宫非礼宫女,被宫廷侍卫发现后四处躲避,但同伴惨遭杀戮,他也因此悔过自新,出家修道。据鸠摩罗什所翻译的《龙树菩萨传》记载,他的修行经历也超乎常人,不仅在九十天内就通达了佛教的经藏教理,还深入"龙宫"修习更神妙的佛法。后在南印度弘扬大乘佛教,声名大振,民众甚至为其设立庙宇加以供奉。

相比略带神异的生平介绍,龙树的著作却显露出超乎寻常的理性与逻辑化,这也是他在当时与各种不同流派的思想进行交锋的记录。本书只是一本佛学通识书籍,但是我们仍打算借助《中论》的片段来介绍龙树菩萨的思想,以此能够一窥佛教中重要的"空"的观念,而不是只停留在"空"就是"虚无"等类似的错误理解上。

我们一般认识世界万物时,会产生一种感觉,就是认为世间事物的生灭、时间、空间和运动都是"真实"的,我们会把生灭、时间、空间、运动执着为实有存在的。这是什么意思?比如我们会认为时间是绝对的存在,不依赖任何条件而如此地流逝,过去不可追,未来不可预期,这是唯一不变之状态。同样的,我们也会认为,生灭、空间和运动也是绝对的,是有本质的。

龙树菩萨作为一位大乘佛教的论师,面对着当时各种各样观念的挑战,比如有人认为,世间万物都是从某个单一的神或者本源生出来的，有人则认为世界是由某种极其微细的物质组成的。这些看法都与佛教的"缘起性空"思想有明显的对立，龙树菩萨正是为了驳斥这些观点，才写下了《中论》。

简要而言，《中论》的主要思想就是所谓的"八不说"，即"不生亦不灭，不常亦不断，不一亦不异，不来亦不出（去）"。

谈到"不生不灭"，接触过《心经》的人马上就会联想到里面的经文，"不生不灭，不垢不净，不增不减"，这和《中论》里面的话非常类似。什么叫做"不生不灭"？或许有人从字面上理解，会认为这是一种完全静止永恒的状态，即没有任何变化。但是这显然和我们的经验相违背，因为我们看到大千世界中一切都在变化，生生灭灭，怎么会"不生不灭"？

佛教中的"不生不灭"，其实是说，我们看到的生灭变化，只是因缘变化而展现出来的一个过程，在这个过程中我们似乎看到有新事物出生，旧事物灭亡，心中便会觉得有一个"新"的东西出现，而"旧"的东西则似乎完全消失了。

这样的生灭现象，直接表现在人的生命历程里面，最重要的就是"生死"。婴儿出生，我们感觉有一个新生命出现；寿尽去世，则好像是消失于黑暗之中。但是如果按照佛教的看法，"生"的现象其实不是如同我们以为的那样,好像是从一个所谓的生命源头那里,不断地"生"出各种新的"真实"生命。事实上,所谓的"生"只不过是各种因缘条件变化过程中的现象,生命每分每秒都在变化,前一秒的我和后一秒的我,到底是什么关系? 如果我们的"生"真有生命的本质可言的话,那么我们的生命本质应不会变化动摇,那么根本谈不上有"生",因为这个"我"从来就没有变化过,何来有"生"? 但是如果并没有一个不变的生命本质,那么我们看到的都是生命的流变转化而已。

所以,一个事物出现于世,不过是因为各种因缘条件的变化与成熟,使得这个事物在此刻显现出这样的形态。它并没有所谓不变的本质,仍然会随着因缘而变化。所以,并没有什么东西"生"了,它时刻都在变化当中,当它最后消失,也并没有什么东西真正地"灭"了,只不过是因缘变化过程中现象的起起伏伏而已。

那么,龙树菩萨是如何论证一切事物都无本质的呢?《中论》有这么几句:"诸法不自生,亦不从他生。不共不无因,是故知无生。"

要论证"不生",也就是并没有一个具有本质的事物"生"出来,就必须从四个方面来反驳那些认为有"生"的看法。

所谓"不自生",就是说,假如一个咖啡杯可以自己"生"出自己,那么按照这个逻辑,咖啡杯就能不断地自我繁衍。因为"自生"的逻辑前提是咖啡杯有其本质，既然有本质，那就意味着它不依赖其他条件就能存在，它就应该可以自己"生"出自己，无限繁殖下去，显然现实经验并非如此，因此世间万物是无法"自生"的。

如果一个事物不能从自身"生"出来，也自然意味着不能从"他生"。咖啡杯不能从咖啡杯当中生出来，自然咖啡杯也不能从麦克风生出来，更不能从一堆泥土中生出来。

至于"不共生"，我们一般感觉有几个条件合起来就能"生出"一个东西。但是龙树菩萨假设的前提是，我们如果认为一个事物有其不变的本质，那么这个具有本质的东西是怎么被"生"出来的呢？继续以咖啡杯为例，要生出一个具有本质的咖啡杯，自然所需要的条件必须具有咖啡杯的本质，因为有因才有果，如果相关条件没有对应的咖啡杯的本质，那怎么能生出咖啡杯呢？

到这里，有的人会继续坚持，咖啡杯应该是从各种条件(因缘)中生出来的，觉得"果"都是从因缘中生出来的，这很容易理解。因为一旦各种条件满足之后，似乎就能"生"出一个东西。但是我们继续多想一下，假如咖啡杯作为一个结果，是可以从"缘"中生出来的话，"缘"(条件)之中要含有"果"的内容才行。但正如上面所说的，假如"缘"中已经有了"果"，那还需要"生"吗？不就已经存在了吗？

我们说"缘"和"果",其实是当看到"果"时,才能假设"缘"成立,它们是一组对应的因果关系。但是只看到"缘",我们如何知道"果"是什么?毕竟经过因缘变化之后才有"缘"和"果"的差别,否则"缘"就应该是"果"。

所以人是人,原材料是原材料,以及其他生产咖啡杯所需的因缘,这些条件之中并没有哪个涵括咖啡杯的本质,因为各自属性都不一样,那如何最后能生出一个具有"咖啡杯本质"的东西?

请注意,这里讲的所谓的"生",是说我们会感觉生出一个有真实自性的东西,并不是否定它存在的形态和样貌。也就是说,"不共生"的意涵是,一个具有自性本质的东西怎么可能从两个和其本质无关的东西中生出来呢?

逻辑走到这一步,"无因"又是什么意思?当前面三个可能性被否定掉之后,有的人就干脆说,这个咖啡杯不需要原因就自己"生"出来了,这就叫做无因而有果。这显然也和日常经验违背,如果无因而有果,那么这个世界就会混乱,我们想要喝一杯咖啡,结果冲泡出来的可能是一杯红茶。显然无因而有果是很难成立的。

既然不是自生、他生、共生和无因生,那么龙树菩萨给出结论——"无生"。

什么叫"无生"?难道是这个东西消失了吗?显然不是这个意思。我们虽然看到这个咖啡杯在那里,但是能够清楚地了解，它其实没有自性，也就是没有本质，只不过是因为诸多因缘条件成熟而表现为那样的形态，并不是有一个有"自性"的东西被"生"出来了。

但是我们日常所看到的一切，都会让人觉得，万物有生有灭，人有生有死，喜爱的人和物变化而让人执着不舍，似乎那些人和物真正地消失不见了，而看不到其实本来就没有一个"真实"的"生"，而所谓的"灭"也不过是因缘变化而已。

回到"八不偈"，那什么是"不常亦不断"？

"常"就是常住不变，"断"就是虚无断灭。如果说前面的"生"与"灭"是强调事物的"现起"，"常"与"断"则是强调事物的时间层面。我们平常看待时间的流逝，要么认为是不变的，要么认为前后无关，"不常亦不断"就是指出这种认知的错误所在。

举个日常例子。我们每天的生活节奏似乎都差不多，比如早上起床洗脸、刷牙、装扮，然后出门上班，天天如此，这也是许多上班族会有一种周而复始、全无新意的感受的原因。我们内心里会把一些相似性的活动认知为某种"常态"。但仔细一想，每天的生活真的一样吗？每天的天气不同，你的状态不同，洗脸刷牙的动作与感受都不同，怎么会是"常态"呢？但是我们也不能认为前日与今日、今日与明日之间完全没有关系，这属于"断灭"的思维,因为时间的流动仍然有某种连续的关系。

在我们的生活经验里,类似的感受很多。例如我们之所以厌倦上班族生活,也是因为我们会把每天的工作视为"常态",也就是感觉没有任何变化。所以我们渴望这种"一成不变"的生活中一些新的刺激与转换,小到每天的奶茶打卡和周末的美食大餐或郊游,大到每年数次的长途旅行等等,都是对我们的"常态"感受的颠覆。但事实上就算我们每天工作,难道感受真的一样吗? 当然不是,我们不可能完全重复任何一天的生活,只是我们的感官没有那么细腻,导致我们会感觉生命没有变化。那么,过着那种朝不保夕、大起大落的生活又会如何? 曾几何时,"世界那么大,我想去看看"成为网络的热门口号,辞职去旅行也一时成为多少人的梦想。可是永远"在路上"并非是大多数人能够忍受的生活状态,因为那种分秒都没有安全感的状态会让我们失去对未来的稳定预期,又会产生另外的危机感。

我们可以做一个简要的推理,假如生活真的是不变的,那么意味着我和环境自然都不会有任何的变化,这显然是不成立的,也就是"常"是错误的。那我们的生活是否每天完全是无关的呢? 也就是说,今天的"我"与明天的"我"完全无关,这显然也是有问题的,因为昨日、今日与明日之"我"明显存在连续性。

为何我们的人生总是充满了选择的困境？一方面迫切需要"稳定"，一方面又不甘于"稳定"，想要随时打破这种"不变"的生活状态，于是就在"常"和"断"的两端，永难安歇。

那"不来亦不出（去）"呢？

我们平常看到运动现象时，会产生有一种真实"来去"的认识。比如一个人在跑步，我们可以据此定义他到底是"来"还是"去"吗？运动有本质吗？有的人看到他是"来"，有的人则看到他是"去"，不同的命名其实都证明了，运动现象没有所谓的真实本质，而是就人的认知角度而赋予相应名称的。"不来亦不出（去）"不是说静止不动，而是说"运动"本身不具备"来、去"的本质属性。

这一点其实也非常容易理解。运动或静止需要参考系来判断，这是物理学的常识。但一旦"来"和"去"要依据参考系来确定，就说明其自身不具备自立、自足的本质，而是要依其他条件来加以定义。

不过，仍然要提醒的是，佛教认为，"不来亦不出（去）"并不否定运动本身，而是要我们注意，我们会把"运动"看作是某种具有本质属性的状态。一旦有如此的认定，我们就会执着其上，一旦我们这种本质化的认知被打破，就会感到烦恼和失落。

最后是关于"不一亦不异"，讨论的是一致性与差别性的问题。

我们平常对于集体与个体之间关系的认知,就会落入到类似的误区。比如关于群体认同方面,我们都会有各种层次的认同,例如家族、宗族、学校、公司、民族、国家等等。当我们在某个场景下被激发出集体认同时,我们会感受到一种无差别的"一体感"。

比如我们都有过追星或是看球赛的经验,或许会理解当万众一心地为自己的偶像或球队呐喊加油时,那种"万人如同一人"的经验,让人顿时觉得在场的人都彼此无间,全无隔阂。但当走出剧场或是球场后,如果在停车场不小心剐蹭到,言语几句不合,或许马上又变成彼此叫骂的敌人。

我们到底是一个统一的整体,还是彼此无关的独存个体?

如同前面描述的场景一样,我们在某些时候会感受到融入某个群体,个体似乎如雨滴落入水池一般。而在某些时候,我们却感觉到与其他人彼此对立,感受到强烈的孤立感和差异感。事实上,如果我们是"一",那就不会有个体之间的分裂与对峙,如果我们是"异",那就不会有群体联合互助的可能,因为我们彼此是绝对差别化的,根本找不到联合的任何共同点。

循着以上的"八不偈",我们也可以理解《心经》中的

"不生不灭，不垢不净，不增不减"，都是试图以"空性"的角度去超越我们习以为常的二元论。著名的《维摩诘经》将这种思维方式称为"不二"，也就是非二元论。

四、"空"与《金刚经》

关于"空"的思想，对于中国人而言，《金刚经》大概是一部无法绕开的经典，因为这部经典集中阐述了佛教的"般若空性"观念。下面我们以有限的篇幅给大家简略介绍《金刚经》的核心思想，以便大家可以初步了解这部经典。

《金刚经》全称《金刚般若波罗蜜经》，经题的意思是指佛法的智慧（"般若"）如金刚石一般坚硬，足以摧折一切错误的思想，引领我们到达生命彼岸（"波罗蜜"就是到达彼岸）。

在佛教经典体系分类中①，《金刚经》被归为"般若

---

① 佛教经典有多种分类方式，如传统的三藏十二部分类，三藏为经、律、论，十二部则是依佛经内容与体裁而分为十二类，分别为：契经、应颂、记莂、讽颂、自说、缘起、譬喻、本事、本生、方广、未曾有、论议。近代比较有名的《大正新修大藏经》则把收入的佛教相关典籍分为阿含部、本缘部、般若部、法华部、华严部、宝积部、涅槃部、大集部、经集部、密教部、律部、释经论部、毗昙部、中观部、瑜伽部、论集部（以上为译典）、经疏部、律疏部、论疏部、诸宗部、史传部、事汇部、外教部、目录部（以上为中国撰述）。

部"经典。"般若"是梵音直译,即智慧之意。为了表示"般若"与一般认知的"智慧"之区别,所以特别以音译命名。

同样属于"般若部"的经典还有玄奘大师译的《大般若经》以及鸠摩罗什译的《摩诃般若波罗蜜经》等等。《金刚经》在中国文化传统里对于士大夫与一般庶民都有非常重要的影响,但真正了解其内涵的却相对稀少。其核心原因,就在于我们很难理解前面提及的"不二"思想,也就是"空性"的内涵。

关于《金刚经》的翻译版本,在现有的汉文佛典中,共有六个《金刚经》译本,后世流传较广的主要是鸠摩罗什的译本。一般的看法是认为罗什的译本成功地将梵文的文体转换为汉语表达的新形式,不仅文句简练,且读诵朗朗上口,适合传播。

今天如果去到新疆的克孜尔石窟洞口,可以看到为纪念鸠摩罗什而立的塑像。但是这个古龟兹国的王子,为何会出家为僧,乃至最终进入长安,翻译出数量众多、今天仍在读诵的佛典,却是少为人知的一段历史了。

按照《高僧传》记载,鸠摩罗什的父亲鸠摩炎出身印度贵族,出家为僧后,四处游方,行至龟兹国时,却被王妹一眼相中,"强逼"为夫。按照史书记载,这位龟兹国的王妹,也就是鸠摩罗什的母亲,不仅聪慧,据说身上还有一块特殊的红色胎记，按照西域习俗，意味着她未来所生子女注定俊逸聪明。

在王妹怀胎期间，就显现出许多征兆，比如她突然能说天竺语（即梵文）了，而且听僧人讲经也是一闻即悟。无论这些记载是真是假，因为鸠摩罗什在译经史上是如此重要，或许记录者难免有一些发挥之处吧。抛开历史的实证主义标准，我们大概可以想象，当年讲述鸠摩罗什幼时神异故事的作者，都怀着对大师的至深崇敬之情吧。

因为鸠摩罗什的母亲对于佛法的悟解日益深入，鸠摩罗什出生不久之后，这位王妹反倒生起出家修行的念头，鸠摩炎苦劝未果，母亲遂带着年幼的罗什离开龟兹，前往罽宾国等地游方参学。正是在这个游历过程中，年幼的罗什开始学习佛法，并且进步神速，年少登座讲法，闻名西域。在当时的西域，同时流传"小乘佛法"与"大乘佛法"。关于二者的差异，粗略来说，大乘佛法对于"空性"的理解会更为深奥，而且更为看重菩萨道的利生实践。少年鸠摩罗什在熟悉小乘佛理之后，遇见了两位僧人——须利耶跋陀和须利耶苏摩，这两位都是以弘扬大乘佛法而闻名。在这两位出家人的耐心教导下，鸠摩罗什遂对大乘佛法有所领悟，并且感叹，过去不识大乘佛法，如同把黄金错认为铜矿一样。

就在鸠摩罗什声名日隆之时，他的母亲准备远赴印度,行前提醒罗什,他所学的大乘佛法应该传播到震旦国(中国),但是这可能对他的修行不利,让他自己做出选择。鸠摩罗什豪气万丈地回答,"大士之道利彼忘躯,若必使大化流传,能洗悟矇俗,虽复身当炉镬苦而无恨",表达了前往中国弘法的强烈意愿。

前秦的苻坚听闻龟兹国有"圣人",于是派将领吕光攻打龟兹,掳回鸠摩罗什。但就在吕光带着鸠摩罗什回长安的路上,前秦亡国,吕光只能驻留武威,一待就是十六年之久。

在这段时间里,鸠摩罗什要不断应付吕光对他的戏弄,这位不懂佛法的武将常常想出不少恶作剧,如让罗什骑烈马,好看他惊慌失措的样子,并且强迫他与妓女同屋等等,鸠摩罗什淡定自若,也让吕光大为敬佩。最关键的是,鸠摩罗什开始学习汉语,为后来的译经做好了充分的准备。

后秦姚兴崇佛,听闻鸠摩罗什居于后凉,于是攻克其国,将罗什带回长安,入住西明阁与逍遥园,于是开启了鸠摩罗什人生中最关键的阶段。

从数量上而言,鸠摩罗什所译的经典相比玄奘大师要少很多,仅仅三百多卷,而玄奘大师所组织翻译的《大般若经》这一部,就达到了六百卷的规模。但是鸠摩罗什对于汉传佛教最大的意义,就是他所组织翻译的佛经,成为中国几大主要佛教宗派所依据经典的奠基石。而且因为其译文流畅和雅，多有依汉语的特色作文字的润饰取舍，因此今天寺庙丛林中佛教徒主要诵读的经典，基本都是鸠摩罗什的译本，其地位可想而知。

我们在这里稍微列举几部鸠摩罗什所翻译的经典，如《金刚经》《阿弥陀经》《法华经》《维摩诘经》《摩诃般若波罗蜜经》等等，其中许多文句对于汉语文学的影响，也非常深远。

在鸠摩罗什圆寂之前，他为了表达对自己译经的信心，说了这样一段话："今于众前发诚实誓，若所传无谬者，当使焚身之后舌不焦烂。"以自己的舌头不化，作为不违译经原义的担保，千古以来罗什大概是唯一一人吧。荼毗（火化）完毕后，人们发现，鸠摩罗什的舌头不仅未焚化为灰烬，而且敲击起来还有金属之声，于是建起舌舍利塔，以作纪念。据说今天西安草堂寺的舍利塔就是鸠摩罗什的舌舍利所瘗埋之地。

在《金刚经》的正文开篇，我们看到的是一幅非常生动活泼的画面：佛陀与弟子在舍卫国祇树给孤独园驻留修行，清晨与弟子一起出门托钵乞食，完毕后回到道场，用完饭食，接着洗脚，铺上卧具，便开始了师徒之间的对话。

佛陀的弟子须菩提向来以领悟"空性"而见长，在众多弟子中间被誉为"空性第一"。而或许正是这一身份，在《金刚经》中便由他来负责向佛陀提出"灵魂之问"："云何应住？云何降伏其心？"

"云何应住"，也就是询问，我们的心如何能安住？"云何降伏其心"，我们又如何降伏令我们不安的种种烦恼？

须菩提作为已经觉悟的解脱者（阿罗汉），他的困惑其实是：为什么佛陀面对宇宙世间的无尽众生，都能如此不知疲惫地去度化？这就像我们随手帮助他人或许没问题，但是如果毕生去帮助所有需要帮助的人，我们马上就会估量自己的能力大小，以及测度需要帮助的人数规模。多数情况下，我们都会感到气馁，因为相比自己的个人力量，这个世界上需要帮助的生命实在太多太多，这甚至会让我们感到沮丧与畏惧。

佛陀会如何回答须菩提的这个问题？这也是许多具备菩萨心肠的人常感困惑的地方，世界这么多苦难，我们该如何帮助别人，自己却也不会产生烦恼？

佛陀给出的答案是：

> 佛告须菩提："诸菩萨摩诃萨应如是降伏其心：'所有一切众生之类，若卵生、若胎生、若湿生、若化生，若有色、若无色，若有想、若无想、若非有想非无

想，我皆令入无余涅槃而灭度之。'如是灭度无量、无数、无边众生，实无众生得灭度者。何以故？须菩提！若菩萨有我相、人相、众生相、寿者相，即非菩萨。"

佛陀告诉须菩提，他之所以能够度化一切众生而不会产生烦恼心，是因为他领悟了须菩提还没理解的智慧，那就是："无我相，无人相，无众生相，无寿者相。"

"无我相"是什么意思？"我相"的意思是指我们始终感觉有一个"我"存在。而这里谈到的"无我相"，其实就是否定这种实有的"我"的存在性。但是很多人马上会产生疑惑："无我相"，难道是"我"不存在吗？

当然不是。在佛教的表达中，"无"通常用于表达一切事物"没有本质"，而非"不存在"。因此，"无我相"的意思其实就是不存在一个不变与实有的"我"而已。

仔细想想，这个"我"真的存在吗？如前面所解释的一样，"我"不过是生命的缘起现象，随着因缘条件而显现出不同的形态，生病、健康，幼童、青年、壮年、耄耋老人，哪一个是"我"？不过是生命的变迁之河而已。

因此，"无我相"不过是对"我"的虚假本质射出的一支般若智慧之箭。我们为何对帮助他人畏手畏脚，难道不就是因为我们牢牢抓住那个"我"而做出种种的工具理性盘算吗？经过一番成本收益核算之后,我们会根据收益来做出相应的行动。但那个"自我"真的存在吗？如果真的存在,那个"我"永远不会衰老,永远不会变化。而且就如同前面已经分析的那样,"我"如果真的具有本质,那就可以不断地孕育出更多的"我",因为只有实有的"我"才能生出具有同样本质属性的"我",这难道还不荒谬吗？

如果理解了"无我相","无人相"和"无众生相"也自然迎刃而解。因为一旦确立了"我","你""他/她"以及"无数众生"也都顺理成章地贴上标签。我们按照"独立个体"的前提来理解人际关系,于是从"我"出发,对他人的控制、主宰以及利益得失的计算便是理所当然的逻辑。事实上,按照缘起的观念去理解人与人的关系,既然生命是缘起的现象,人与人之间应该是互为成就、互相影响、互为作用的关系,也就是"你中有我,我中有你"。但我们为何会把自我的利益看成是最为重要的？无非就是想守护那个自认为永恒存在的"我"而已。所以我们会损人利己,或是尽管存有善心,但仍然会在某些利益的边界上止步,不能像菩萨那般,付出自己的所有去利益他人。

至于"寿者相",则是指世间一切事物都是生生灭灭而连续不断,就有一种"我、人、众生相"永无止息的感受。

因此,对于须菩提而言,他之所以无法像佛陀那样,投入所有的一切去度化众生而无烦恼,无非是被"我相"

"人相""众生相""寿者相"困住而已。但换个角度来看，"无我相，无人相，无众生相，无寿者相"无非是"空"的另一种表达而已。

在整部《金刚经》中，随处可见描述"空"的表达。比如"凡所有相，皆是虚妄。若见诸相非相，即见如来"，或是"一切有为法，如梦幻泡影。如露亦如电，应作如是观"，其实都是要阐释"空"的道理。例如"诸相非相"，就是说一切"相"皆无本质，而"如梦幻泡影"也就是比喻世间的一切事物因为"无本质"，缘起而成，所以不具有"实质性"和"不变性"，如梦、如幻、如泡、如影。

那么，佛教为何如此聚焦于讨论"真实本质"的问题？无论是《金刚经》还是龙树菩萨的《中论》，听上去似乎只是深奥的玄思，但它们绝非一种知性上的自娱自乐，而是要针对生命中的最大难题——烦恼。

第七章
Chapter Seven

安心之道

达磨问曰:"汝当何求?"二祖云:"请师安心。"达磨云:"将心来,吾为汝安。"二祖良久云:"觅心了不可得。"达磨云:"为汝安心竟。"

——《古尊宿语录》

每次上课，我都会给同学们布置一个特别的作业，让他们写下生活中的主要烦恼，而自己又是如何应对的。同学们大多很坦诚，作业的结果颇令我吃惊。平常看起来，同学们很活泼，似乎没有太多忧心之事，但从作业中却可以发现，他们的内心中其实隐藏着不少的"负能量"。有的来自原生家庭的成长经历，有的则出自校园生活的不愉快经验，而更多的则是对未来人生目标的彷徨感。

　　从代际而言，我接触的九〇后、〇〇后的大学生，他们关注的问题并不算"宏大"，他们的日常烦恼很少会上升到人类、国家或社会的层面，多集中在个人生活、学业、情感与人际关系方面，这与20世纪80、90年代的大学生有着明显的不同，足以从一个侧面反映出这二三十年来时代精神的更替。

　　在这么多学生写来的作业中，其中有一些颇具代表性，我选录了两段：

　　　学生 A：我时常困惑自己存在的意义，想要证明自己对这个世界有价值，但是找不到自己最爱的东西，不知道自己未来的方向在哪里。我兴趣爱好

173

广泛，但是找不到自己最擅长的领域，好像什么都会一点，什么都感兴趣，但是方向太多就容易失去方向，找不到用力的点，不知道该怎么办。目前还在探索当中，希望尽快找到自己最擅长和最喜欢的领域，并为之奋斗，实现自己的价值。

学生 B：我已经大三了，而我的未来该往哪里走我还不知道。这就像是告诉一个在语文考试中还没想好作文题目的学生，时间只剩下十五分钟了。所以感觉焦虑得快得抑郁症了，很烦甚至感到痛苦，想摆脱这种痛苦，于是看各种言情、武侠、玄幻小说来逃避，这种网络小说带来的快感和逃避效果很显著，可以一下子沉浸在书里，要么跟着主角开金手指爽得不行，要么跟着主角虐恋情深，心绪跌宕。并且更关键的是，一本结束还有一本，没有止境，直至"上瘾"。可是，就像经济学中的边际效用递减一样，那些没营养的小说越来越失去作用，甚至用这种方式逃避的时候我也会产生罪恶感。

年轻人的"烦恼"，多体现为对自己未来的迷茫。这种成长中的理想与现实之间的矛盾，让他们往往要么沉溺于吃喝玩乐的消费快感之中，要么则是完全放弃自己的兴趣与理想，迎合主流的价值取向，最终只能压抑内心真实的向往,成为大家心目中的"好学生"。但是,那个充满理想和自主精神的"自我"却消失了。

除了普遍性的时代心理症候,大多数同学写下的文字都充满着日常琐碎的情绪,对自己容貌不满意的焦虑,对身材走样的担忧,与室友相处不顺的愤懑,乃至对自己拖延症的不满等等,这些日常的负面情绪构成了他们的主要烦恼,他们称之为"精神内耗"。

他们的应对方法也非常简单,要么强忍内耗,不惜自伤,要么就在社交媒体上吐槽发泄,然后又偷偷删除,其中最流行的应对办法则是——吃喝玩乐,借助美食、购物与旅游来缓解平日郁积难化的烦恼。

每当读到或者听到他们描述的精神状况时,我往往会让他们先回答一个问题:烦恼究竟是什么?

一、烦恼的模样

一般人所理解的"烦恼",指的是某种让人感到不愉悦、不舒适的心理状态,有点类似"苦"的意涵。例如日常生活中因为某些原因而产生的各种负面情绪,沮丧、不安、痛苦、无聊、嫉妒等等,都属于一般人所理解的"烦恼"。

与其说这些是"烦恼"，不如说这些情绪都只是烦恼的表现而已。也就是说，"烦恼"表现为我们感受到的心绪起伏与生理反应，但这些不是真正的"烦恼"，而只是"烦恼"的模样。

人类大部分的文学、电影与艺术作品，都在描述"烦恼"，或者说是"苦恼"，这个谁也无法逃脱的幽灵。我们在成长过程中读的青春小说，听的流行情歌，说到底，其实都讲述着各式各样的"少年维特之烦恼"。

当然，人类还有很多深层的烦恼，平常或许很难触碰到，但是那始终隐藏在意识深处。就如同我年轻时听到马勒的交响乐作品，就被他的那种阴郁与虚无所震撼，第一次感受到人类内心深处原来还有那种看不见的黑暗情绪。

当然，我们多数时间只不过有一些表层情绪的起起伏伏而已。比如每个时代的年轻人都会有自己的"情绪共鸣点"，也各自有热爱的青春作家与歌手。八〇、九〇后喜欢的苏打绿、五月天等等，虽然和上世纪的流行巨星张国荣与谭咏麟有巨大的风格差异，但不论娱乐工业如何升级换代，那些作品中所表达的情愫其实没有本质的差别。只要看看苏打绿的歌词，"心里的伤，无法分享，生命随年月流去，随白发老去，随着你离去，快乐渺无音讯"，就大概能明白，太阳底下其实并无新鲜事。

我们的一生，读书、工作、恋爱、结婚、生子，直到老去，生命中的喜怒哀乐、爱恨情仇，或许都足以写成一部部精彩的小说。但这些情绪融化在我们的日常生活中时，你会发觉，尽管我们每天都与这些细微的"烦恼"如影相伴，但却很少去认真端详它们的样子，只是随着心绪的起伏被动地反应，或是最终靠着时间去疗伤，靠吃喝玩乐去缓解而已。

就拿平常的工作日来说吧。我们清晨睁开眼的那一刻，心理活动就开始活跃起来。但不是每个人都充满希望地开启新的一天，或是因为昨天加班太晚，或是应酬劳累，休息不佳，早起时心中可能满是纠结与不情愿。

那是一种无来由的紧张感，不想起床，但又担心因此产生的种种后果——或许会被领导责骂，或许可能失去升迁的机会。勉强爬起来，又舍不得那份赖床的安逸感；躺着不动，又无法回避心中对未来的担忧。虽然最终还是勉力爬起来，但是那份隐隐纠结的心态却没有完全化解。

起床冲咖啡吧，又不小心把咖啡粉撒了一地，心里顿时感到烦躁，背后的潜台词大概是："真倒霉！""刚才为什么不小心一点呢，搞得这么麻烦！"甚至还会联想起最近遇到的种种不顺利的事情，开始怀疑是不是遭遇"水逆"或是"犯太岁"。虽然心情比较郁闷，但也不得不去收拾，如果此时已经临近上班时间,心中的"不爽"可能越发强烈,假使家人此时恰好惹怒了你,情绪顿时爆发,一发不可收拾。

上班路上,地铁、公车人潮汹涌,未上车,心中已有畏惧与担心。等到挤入车厢,彼此的拥挤压迫,让人不禁心生厌烦。旁边的乘客,如果不小心多碰触两下,心中更会产生一些嗔怒,似乎感觉对方是故意为之。这样一路煎熬,终于等到下车,心中才如释重负。

进入办公室,累积的工作令人感觉紧张,这种压力可能让人感到倦怠和无意义,对于工作缺乏热情和投入,需要强迫自己集中注意力,很容易无精打采,但同时又不得不面对工作的种种变化。就算勉强应付下来,心中也难以坦然,只有一种"终于结束了"的短暂放松,而获得的这一点点快乐,其实也是由于前面的煎熬反差带来的。

回到家里,父母的唠叨、小孩的吵闹以及日常的琐事,都会不断地引发我们的情绪起伏,就算偶尔有一些欢乐,也马上被更多的不愉快的情绪所取代,尤其是现代的都市人,生活工作节奏越来越快,心理的变化速度也随之加速,乐少而苦多,只不过这些烦恼接踵而至,以至于都无法清楚地去观察它们的模样了。

我们日常所感受到的烦恼,都是身心的种种体验,让人焦躁不安,情绪低落。还原到具体情境里,我们会发现这些情绪不仅有各自的差异,还有程度的深浅,有的让我们痛不欲生,有的则只不过是心头飘过的一丝阴霾而已,一旦我们认真观察,它们其实都有一张张生动的面孔。

问题是,日日皆如此,你又是否仔细观察过,它们是如何生起、变化乃至消失的? 你有没有看清楚过这些"烦恼的模样"?

一般而言,我们通常会用"很烦""纠结"等形容词来描述烦恼,那是一种只可意会、很难具象化的情绪,可能表现为坐立不安、身心焦灼,也可能表现为一种隐隐的不悦与担忧,有时如同火烧,有时如同针刺。总之,它是一种无法坦然面对当下环境的不安情绪。

但是如果仔细思考的话,我们在描述自己的"烦恼"时,大多是把烦恼和某个具体环境联系起来的,而不是只停留在描述自己如何难受。这说明两个问题,一、我们一般首先注意到身心的直接反应,即让我们不舒服的那些心理感受,这些感受有各种不同的特点,可以命名为"烦恼的模样";二、我们在描述"烦恼"时,总是会同时辨识出那些让我们生起烦恼的环境。

因此,我们大概可以了解,烦恼虽然是从内心生起的一种反应,但是它看上去的确与"外在环境"有关。那么,这是不是意味着,要真正解决烦恼问题,我们只需要改变外在的环境就可以了？如果逻辑是这样的话，为什么我们始终摆脱不了烦恼呢？

二、烦恼的本质

如上面所分析的那样，我们在日常生活中谈到的"烦恼"，其实是一种身心交逼、不得安宁的感受，这也就是佛教一般所说的"苦"。

佛教谈"苦"，表面上谈的是人所面对的种种情境，也就是让我们感受到不适意的境界，例如老、病、死苦，其实说的是人身变化衰老引发内心种种的热恼不安，我们不愿接受老、病、死的过程，却又不得不经历这一切。

以"老苦"而言，人身衰老，不仅行动不便，而且也渐失去青春的容颜，内心对这样的现实无法接受，焦躁不安，逐渐加剧蔓延到整个身心，引发出不可逃脱的苦楚感。

如果追根溯源的话，造成种种身心不安的原因究竟是什么？其实按照佛教的说法，引发身心热恼不安的种种错误认知，才叫作"烦恼"。

大概而言，"烦恼"可分为六种，分别是贪、嗔、痴、慢、疑、不正见，也就是说，这六种错误的心理活动才是造成"苦"的原因。

这几种烦恼在我们的文化里，多多少少被理解成某种道德性的称谓，但事实上，对于佛学而言，这些定义仅仅是某种事实性的描述，并不带有强烈的道德判断。

比如所谓的"贪"，指的是对自己所喜欢的东西执着不舍、念念不忘。正因为如此，当无法得到的时候，心中便会产生苦感。如同现在的年轻人看到最新款的数码产品而囊中羞涩时，那种恋恋不舍却又无法满足的感受，相信是大多数年轻人都曾有过的体会吧！不过，每个人所贪爱的对象并不一样，就如同我这般喜欢收藏一些日本古美术品的人，在日本古美术店里看到江户时代著名禅僧良宽的书画，心中难免也会有一种贪求的欲望，但是看看价格，也只能克制自己的冲动。虽然这种烦恼看似无害，但却也是真实的"苦感"，是"贪"所带来的心理反应；相反，如果一个对此完全无兴趣的人走进古美术店，不管是北斋的浮世绘，还是良宽的书画，他大概都只会不屑一顾地离开，转而投向隔壁的手办商店吧！

那么，有人大概会说，如果能够得到"贪"的对象，岂不是人间一大快事？这并非是"苦"啊。但是我们能够真的"拥有"某样东西吗？我们在前面已经讨论过，我们的生命其实无时无刻不在变动，外在的山河大地同样如此无常变化。变化的人能够真正拥有不断变化的事物吗？我们所谓的"拥有"和"得到"是真实的吗？抑或是，我们所"贪"的其实是根本无法占有的东西，所谓的贪欲的满足，只不过是我们的错觉？

比如，假设我有朝一日突然发财，便直奔京都的古美术店，买下梦寐以求的良宽书画，这是否算得上"拥有"了它？表面上似乎如此，我能随意触碰和欣赏，甚至还能放在枕边与之共眠。从法律意义上来说，我拥有对它的所有权，似乎是占有了它。但是这幅字画看上去没有变化，事实上它无时无刻不在衰毁之中，无论如何精心保存，它也逃脱不了耗损的命运。

那么，到底是哪一个"我"，拥有了哪一个时间片段的"它"呢？

从佛学的角度来看，我们所谓的占有它，不过是一种认知错觉，因缘是不断变化的，我们只不过看上去拥有它而已。实际上，它和我都不过是在人生的长河中瞬间相遇，转眼擦肩而过，根本找不到某个恒常不变的时间点。

那我们又在"贪"什么，又为何而"贪"？

正是在这个意义上，佛教认为，苦的原因其实是对世间真相的迷惑无知，而这种无知就叫做烦恼。我们的贪爱心会产生出一种深刻的执着：得之，担心失去；不得，却又心生念想，久久难忘。得到所爱之物时，就错以为可以真实永久地占有它，此时已经掉入迷思的陷阱，因为你根本没有一刻真正占有过它，那只不过是心中浮现的错觉。有朝一日,所爱之物遗失,或是损毁,心中便会泛起无尽的痛苦。其实本来我们就无法真正拥有世间万物,也自然无法主宰对方。

所谓的"嗔",则是指当遇见不喜欢的人、事、物时,因为讨厌和拒绝而产生的排斥心。比如我上一百多人的大课时,常常会遇到一类情况,哪怕老师用尽手段,仍然有十分消极应付的学生。比如坐在最后几排的同学,常常都在闷头睡觉、刷手机,或者是埋头干其他的事情。甚至还有学生情侣课堂上窃窃私语,你侬我侬。这时候就常常会想,为了这门课,老师如此辛苦备课,这些学生还如此轻忽,心中难免生起"不爽"的心情。这其实就是因为环境不合我意时所生出的"嗔心"。

这种烦恼与"贪"一样,其实都是被外在环境迷惑而产生的痛苦。我们在面对外在环境时,常常先存有一个以"我"为中心的视角:合我意者则喜,不合我意者则嗔。这样的观念背后,其实就隐藏着一种假设:要让环境来顺从我们的主观需求。但事实上,这不过是一种狂妄的自大,我们与世界的互动关系错综复杂,世界怎么会凭我们的想法来运作呢? 如果是那样,我们岂不是如同造物主一般,肆意妄为了吗?

所以,我之所以会在讲课时产生那些不舒服的心情,可能要归结于我的心理预期:既然老师认真努力地备课，而且还有老师身份的权威加持，学生就"必须"认真听讲。至少，他们不能表现出冷漠与抗拒。但事实上，学生的状态老师其实根本无法控制，他们在那一刻的状态，来自他们在这种因缘条件之下的不自觉，可能是厌学，本来就不愿上课；也可能是急着要赶某些重要论文，所以无暇顾及这门课等等。总之，这背后都有种种复杂的因缘在运作。作为老师，如果非要不顾现实，强行让环境符合我的个人期待，那就势必会念念焦灼。

所以，"嗔心"表面上似乎是环境的问题，好像是外在某个境界让人产生了烦恼，但仔细想想，那不过是因为所遇之环境不如我意罢了，而我的内心中总是试图让一切事物能受"我"把控，一旦现实不能如愿，心中就会产生种种不乐意的情绪，也就是"嗔"。

又例如"慢"，翻译为现代语言，大概可以等同于"傲慢"，也就是想要压倒他人的恃强凌弱之心。

如果将"慢心"细细分析的话，则会有很多维度与层次。比如有的人位高权重，对于社会边缘群体不屑一顾，一旦受到冒犯，就会因这样的"傲慢心"而产生嗔恨与不满。比如我们常常能看到宝马车主、奔驰车主与快递员、清洁工等因为无心擦撞而大为光火的新闻，甚至怒扇对方耳光、逼对方下跪道歉等等。当年曾轰动一时的那则"我爸是李刚"的新闻，更是此类现象的典型。之所以会如此口不择言，内心深层的原因，无非就是因为自恃有一定的家底与地位而起的傲慢心，遇弱则骄纵。但依照同样的逻辑，他们遇尊也易卑从。日常生活之中大概很容易遇到此类典型，他们平常的表现非常扎眼，往往有种想要天下人俯首称臣的气势。与他人打交道，也多无谦逊之心，言语行为则多易伤人。另外一种人则是看上去虽然身处弱势，但是内心里却认为他人皆不如我，尤其是遇到位高权重之人，表面上虽无半点微词，内心中却常有"你是老几"的独白，就如同鲁迅笔下的阿 Q 一样，虽然住的是土谷祠，打的是短工，但却依然瞧不起庄里所有的人，甚至被人揪住辫子往墙上撞，自己还在内心里这样想："我总算被儿子打了，现在的世界真不像样……"这种"精神胜利法"，其实也不过是一种"慢心"而已，佛学中对此还有一个专门术语，叫做"卑慢"。也就是说，这种人虽然一无是处，却仍固执以为自己天赋异禀，应受人崇敬。

"疑"指的是我们对于真理不能生起信心，疑东疑西，对于人生失去正确的见解。依照佛教的看法，最主要的是指不相信因果业报以及"缘起性空"等，因此无法觉悟解脱。但就算抛开这一层佛教的看法，很多人那种见人便"怀疑"的心理状态，在日常生活中也比比皆是，比如今天社会中普遍弥漫的"不信任感"。

众多的诈骗短信、电话、碰瓷，严重破坏了这个社会的互信机制，以至于人与人的信任前提荡然无存，转而以"疑"作为人际交往的假设。无论与熟人还是与陌生人交谈，多充满警惕与提防。这也让日常生活多了一份暗地涌动的疑虑与不安，甚至自己都难以察觉。

"疑心"作为一种烦恼心，会让我们身心不安，而对世间真相的"疑"更是让我们永远无法释怀，因为那种对世间运作规律的不解与困惑，会一直潜藏在那里，持续地发酵。

接下来是"痴"。"痴心"其实就是对世界上的是非善恶没有能力判断，对世界的真相也缺乏了解。当环境改变时，我们的心中就自然生起错误认知，既然认知错误，当然就会生起贪、嗔、痴、慢、疑，继而烦恼丛生，无法自拔。比如有的人面对一些日常事件，或是社会新闻，没有能力去判断是非曲直，甚至善恶也无法辨别，更对自己为何烦恼不已缺乏认知，这都属于"痴"的范围。至于更深一步地讲，我们对于生命的觉悟无从了解，这就属于更为根源性的"痴心"范畴了。

最后就是所谓的"不正见"。相对于比较深层、细微的"贪、嗔、痴、慢、疑"，"不正见"属于比较粗浅的错误认知，多数通过了解相应的道理就可以缓解乃至澄清。其中包括五种不正确的看法，分别是身见、边见、邪见、见取见与戒禁取见。

粗略解释的话，"身见"就是将我们这个由五蕴组成的生命体看作存在一个实有的"我"，认为在这个身心当中有那么一个"我"，这当然是一种错误的认知，也就是一般所说的"我执"。"边见"则是执着"断、常"非此即彼的二元看法，这一点在前面谈"不常亦不断"时已经论述过，此处不赘述。"邪见"指的是人们不相信有因果业报的法则，也不相信人能解脱觉悟等等。"见取见"指的是执着自己的看法是最正确的，而且因此与其他人进行各种争执。这一点在今天的社交媒体平台上有最为直观的表现，甚至演化到只存在"黑"与"粉"的对立与斗争。当然这样的执着也同样存在于文化、宗教、政治等领域，产生各种各样永不停歇的争执。"戒禁取见"指的是那些持守某些极端苦行戒条的人，以虐待自己的身心为修行方式，认为如此就能解脱，事实上这是错误的执着，反而不能离苦和解脱。

值得强调的是，这五种错误认知都比较表层，容易通过思维加以矫正，而前面谈到的"贪、嗔、痴、慢、疑"则属于深细的迷思，非常难以断除，需要借助更有力的洞察才能真正解决。

总而言之，我们在生活中感受到情绪不安，是因为内心对世界有一种根深蒂固的错误认知，而"烦恼"就是导致身心不安的认知模式，也是佛教重点关注的议题。

三、何 以 解 忧

在前面讨论"烦恼"的部分,我们常常谈到"执着"一词。究竟"执着"是什么? 如果回到这个词的英文翻译——attachment,会发现它很形象地表现出我们的心是如何运作的:紧紧粘在我们所在意的对象上,不断地纠缠、造作,翻来覆去,难以分离。

佛教所谈的"执着",是对心的运作规律所作的一个总结。我们平常身心不安,其实就是因为对于"欲望之乐"的追逐,会产生烦恼的心理作用,不断地对环境分别计较,喜欢的想要占有,不喜的则避之唯恐不及。而且我们的心会念念驻着在这些境界上,就算事情已经过去,心还是会不断地妄想纷飞,对那些所在意的事情进行各种情景剧的编排,反复品味心中浮现的各种喜怒哀乐。

这种"念念不忘"(染着)的心理特征,佛教就称其为"执着"。

芬兰导演 Laura Neuvonen 曾经在 2005 年推出一个名为《最后的编织》的无对白短片,虽然这个影片没有任何佛教的符号与形式,但却非常精确地表达了佛教对于烦恼的观察。

　　一位坐在悬崖边的老妇人正在认真地编织一条围巾,她是如此地投入,以至于很快地,她的毛线就已耗尽,此时,已经织好的围巾因为太长太沉重,已将老妇人拖拽到悬崖边缘,但是她似乎没有察觉到危险,反而依然投入其中。毛线用光,老妇人开始左顾右盼,思考如何解决。突然,她的一缕头发从额头垂了下来,灵机一动,她开始把自己长长的头发也织入围巾,于是围巾和头发紧紧地连接起来,融为一体。随着围巾越来越沉重,终于将老妇人拖拽到悬崖边,此时老妇人恍若惊醒,急忙停下来,想要去取剪刀来剪断头发,可惜为时已晚,老妇人掉下悬崖。

　　过了许久,老妇人慢慢地从悬崖下爬上来,她看着手上的织针,又开始不由自主地蹈空编织起来。突然,她似乎意识到刚刚发生的这场噩梦,毅然地丢下了织针,回到了自己的座位。可是,一阵空虚与无聊似乎很快袭来,她开始寻找什么事情可以做,这时候她看到了椅旁的剪刀,于是她拿起来开始剪起指甲,剪刀"咔嚓、咔嚓"的声音似乎让她产生了兴趣,她开始了下一段"投入"的旅程。

这个短片对于人心的描绘非常细微,我们平日的行为其实都带有强烈的惯性。这些习惯开始可能只是我们的个人偏好而已，比如这位老妇人喜欢编织，有的人则可能是喜欢嗑瓜子、玩手游等等。但是这种偏好会让心与所喜好的对象产生一种强烈的"粘性"，也就是执着感。我们的心因为这种"贪着"而与境界紧紧绑在一起，就算是情况发生变化，我们依然还依循着这种执着心态，就如同我们嗑瓜子一样，一旦形成某种身心的节奏感，就算此时已经口干舌燥，心中甚至产生了厌倦感，但是手里的动作仍然无法停止，这当然是因为我们的心念执着而发展为一种不由自主的惯性，最后我们不仅没有享受到快乐，反而常受其害。

这位老妇人不就是如此吗？她起初只不过是简简单单地编织围巾而已，当毛线用尽，本可以就此打住，但是她却不管不顾当下的现实情况，反而将自己的身心完全投入，完全不知背后的危险所在，直到这样的执着心让她掉下悬崖，此时就算是拼命地想要寻求解脱之道，也已经无济于事了。

短片中微妙的地方在于，当老妇人九死一生地重新爬上悬崖，她也似乎意识到是自己的执着让她受到了生活的惩罚，所以决然地扔掉织针。但是事情并未就此结束，我们的"心"天生具有四处攀援的习惯，需要寻找依附的对象才能安顿下来，因此老妇人又在百无聊赖中寻找到新的目标——剪刀，这也暗示着下一次危机不久又将重演。

在我们的生活中,我们常常感觉自己的负面情绪很难排除,其实是因为"心"会很容易紧粘在那些它在乎的事情上面,这种"粘性"使得我们失去跳出来审视与反思自己的可能,看不到因缘是如何变化的,只是一味地被自己的那种执着心所牵引,得之则忘乎所以,失之则沮丧绝望。

举个例子来说,很多人失恋之后,尽管对方已经离开了你,宣布彼此一刀两断,但是你的脑子里面却还是会不由自主地浮现出对方的影像,可能还总是会想,过去对 TA 有多好,而 TA 又是多么无情等等。这只不过是因为你无法接受因缘改变的事实,所以就会念念执着在那已经过去的前尘影事上,纠结难安。你不是面对当下的环境去思考如何解决问题,反而是带着对过去发生之事的愤懑与失望去幻想,这当然会让人容易逃避现实,始终焦灼不安地面对当下的生活。

"执着"之所以是烦恼的源头,是因为它会让我们没法看清一切事物都在变化的现实,从而不愿放手。其实你所偏爱的人、事、物无时无刻不在变化,你当下所恨的也不再是当初那个你所喜欢的对象了。但是,我们却因为某种迷思,在内心里构建起一个永远不变的对象,也就是给对方赋予本质化的标签,进而在这个假想不变的对象上念念不忘,赋予种种的爱恨情仇,烦恼也就如波浪一般起起伏伏,不得安宁。

所以，老妇人明明可以在毛线用尽时就停止编织，不让自己陷入执着的陷阱，也可以在适当的时候剪断发丝，让自己全身而退。但是，我们的"心"具有强大的黏性，看不到当下无常的现实，更看不到一切都是缘起的真相，所以才会不断地重蹈覆辙。

虽然每个人执着的对象都有所不同，但从一般情况而言，我们可以把这些执着的对象粗略归类为以下几种：个人的身体容貌、地位、眷属和附属物，或是个人的观点、立场等等。

对身体的执着，在今天这个化妆品与整容泛滥的社会，无疑是一种普遍的精神症候。我们想要变得漂亮，尽量延缓衰老，甚至不惜动用整容手术，来让自己的容貌符合社会的主流审美，这当然是一种对身体的执着。事实上，人类对身体的执着遍布一切生活细节之中，我们对于食物、住所空间以及各种奢侈服饰的过度追逐，乃至今天各种外卖快递，随时推送娱乐节目的智能手机，其实都是用以满足肉身的舒适度，带来廉价的欲望满足感。正是这种对身体的执着，才使得消费主义的大规模扩张成为可能。

对地位名声的执着，更多体现在心理层面。有的人拥有一定的社会地位，便容易自我膨胀，似乎自己的身份可以通用于任何地方，在陌生场合也无时无刻不在表现自己的地位与名声。其实一个人的地位是随场合与对象的改变而有所不同的,就像一位本地名流去往异国他乡,他的身份或许会瞬间归零,但是他内心的那种执着感却常常膨胀。媒体曾报道过的某些明星或某些官员在公共场合不合时宜的炫耀与强势,其实都不过是将自己在某些领域的身份不分场合地带入其他的时空,这就是对自己的地位与名声的错误执着。

另外,我们会对财富、妻眷儿女有程度不一的执着,这也是一般人的习惯心理,因为当"我"具有绝对无上的地位,延伸出来的附属物也就会随之被"我"跑马圈定,认定为是我所拥有的对象,不容他人侵犯。请注意,所谓"执着"指的是贪心染着,并没有否定你与这些美好事物相处的权利。但在这个过程中要清楚地知道,我们所拥有的一切,都可能会因为种种变故而随时失去。但是我们常常会对财富、亲眷有一种疯狂的守护心,也就是会用尽一切手段试图让这些都能永恒延续下去,而不去认清,这所有的一切都只不过是缘起缘灭的现象,我们根本不可能随自己的想法去绝对控制。

早年在豆瓣网站上有一个非常有名的讨论小组,叫"父母皆祸害",这个看似极为反叛的小组,汇集了一大帮与父母关系紧张的年轻人。之所以有这样的家庭关系,往往是因为父母很容易将子女视为自己的附属物,因此对子女的人生道路选择有太多的干涉与介入,反而带来巨大的家庭关系问题，论其根源，也多是出于父母对子女的执着感。

立场的执着，在现今这个网络时代里，表现得更为突出。任何一则新闻，都可以看到有人因为立场的分歧而互相"开撕"，粗暴的言语，人身的攻击，成为我们经常看到的网络讨论的现实样态。所以有人说，在网络上讨论，就连豆浆应该是咸的还是甜的这个问题，网民都能够争个你死我活。

在日常生活里，对个人观点的执着也比较普遍。我们会很容易相信自己的想法才是对的，很难去认同他人的观点。比如在职场里，当新人提出不同的意见，资深员工就自然会认为，我在这个行业干了多少年，你才来几天？这种骄慢心就来自对自己看法的执着。在课堂上，老师也常常会遭遇学生的质疑，如果老师对自己的看法过于执着，也就容易导致师生的对立，引发烦恼。另外年长之人面对年轻人，也常常会自认为有社会阅历，而过分相信自己是绝对正确的。而年轻人因为气盛，对自己的人生观过度自信，也会对年长一辈充满敌意。

那么，执着为何会带来烦恼？

有人认为，如无执着，人生就会缺乏动力，不愿努力追逐人生的目标与实现种种的期待。其实，佛教眼中的执着，要看我们是否被"迷"，而不在于否定我们的努力。

人之所以会容易产生执着的心理，无非是想要让人生乐感能够持续，而苦感能够得以避免。但我们越是执着获得乐感，其实也会同样迫切地想要远离苦感，这是一体两面的逻辑。

享受一顿美食，拥有一辆豪车，难道不是让我们感到快乐的事吗？但是，通常我们在这些事情上获得快乐后，接踵而来的一定是未来失去这些而带来的心理落差。因为我们其实无法永远维持这样的乐感，贪恋的对象在变化，自己的偏好也在变化。就算再好的饮食，日日享受，也难免生厌；再美的容颜，相睹日久，也难免如对荆钗。何况人生命运变化叵测，今日位高权重，明日或许沦为阶下囚；今日穷奢极欲，明日或许就一朝财富散尽。当因缘变化，我们就会对"乐"执着不舍，而对"苦"会想要拼命逃避。

因此，"执着"表面上让我们的人生充满着前进的动力，但它如同一个跷跷板，当我们坐在"乐"的一边尽情享受时，对面的"苦"看上去似乎沉了下去，完全感受不到它的存在。但当"乐"逐渐消失时，对面的"苦"则自然高高升起，让你不得不去面对。如果你无法马上改变境遇，就会持续地回忆那曾经的欢乐，执着不已，如果再进一步对比今日的苦楚，那就苦上加苦了。

所以，我们随着自己的好恶心不断地"粘"在那些让我们喜怒哀乐的境界上，就算事情已经过去，仍然难以放下。直到下一个执着的目标出现，我们才会慢慢放下过往，接着开启下一段人生旅程。

要解决烦恼，关键就是要消除这种"执着心"，佛教常说要放下执着，那么什么才是"放下"呢？

佛教认为，我们之所以"执着"，是因为看不到世间万物都是缘起的现实，内心深处依着一种"世界围绕我而运作"的观念去思维。所以，我们首先需要去反思，一切结果其实都需要非常复杂的因缘条件，"我"的意愿和努力不过是诸多因缘中的一环而已，结果究竟如何，我们根本无力把控。

当你开始如此地思维缘起的道理时，你会感觉到，"我"的主宰欲与控制欲自然就有一些弱化，因为你不再以绝对的"我"的视角去观察世界，而是站在更高的缘起层面去看这一切究竟是如何运作的。

因此，当你开始学会从世界的缘起现实去理解这一切的时候，其实就已经开始学着"放下执着"了。

四、将心来，与汝安

所谓的"放下执着"，也就是所谓的觉醒，也常被表达为解脱,而更为直接的描述,就是"断除烦恼"。虽然周遭的环境不断改变,但是觉悟之人却能洞穿世界的本质,不因其而产生种种烦恼情绪,而是能自在地面对、解决,成功也不自得,失败也不沮丧。虽然觉悟的人并不是像造物主一般控制世间万物,但是万物的变迁却无法动摇他的心,这就是佛教所追求的"自由"与"自在"的人生境界。

所以佛教的解脱,简单而言,就是要让不自由的生命状态转换为自由的人生。不自由的关键就在于对所喜欢或讨厌的人、事、物执着不舍,有一种强烈的占有与掌控的心态,所以心就会被牢牢地束缚与限制,不得安宁。佛教的觉悟,就是当我们看清缘起时,能随其改变而不迷惑,能处理种种变化而不执着,不仅坦然接受,而且智慧应对,这才是佛教解脱的真实含义,也是禅宗常常谈到的"安心之道"。

在禅宗语录里,有很多关于"安心"的公案,最有名的就是下面这个:

> 达摩面壁。二祖立雪断臂云:"弟子心未安,乞师安心。"摩云:"将心来,与汝安。"祖云:"觅心了不可得。"摩云:"为汝安心竟。"

当时二祖慧可禅师千辛万苦来到达摩闭关坐禅的洞

穴前,想要求得解脱的心法,达摩起初并不理睬,慧可只好在雪地苦候,甚至还自断手臂,以表求法决心:"弟子心未安,乞师安心。"可是达摩并没有给出任何具体的建议,反而直截了当地说:"把你的心拿过来吧,我来给你安心。"二祖慧可得此提醒,迅速反观自己这颗心,马上明了。

当达摩回答说"将心来"时,其实就是在把问题抛给慧可,既然你觉得"心未安",那么就把你认为的那颗"实在"的"心"拿出来给我看看吧。这不就是针对我们根深蒂固的"自性见"吗? 当我们处在烦恼情绪旋涡中的时候,是完全无法反观自己的认知已经滑向何等错误地步的。而慧可听到达摩的这一答,马上反观自己,意识到"心"是不实有的,不是一种本质性的存在;而"不安",不过是对世上的各种人、事、物,包括对于"觉悟"本身的执着而造成的。既然"心"没有"实体",那么所谓的"获得"和"主宰"都是自己的幻想而已,因此达摩才会说:"为汝安心竟。"

这种对于深层认知模式的直接追问,如同直捣黄龙一般,让问法之人真实地面对自己,去反观自我认知的迷思,从而自我解套。这正是禅宗所谓的"直指人心"的宗旨,而不在细节枝叶上纠缠不清。

这一类的"安心公案"在禅宗语录中并不少见,充分表达出禅宗在教化弟子方面的非常独特的风格。比如这样一段公案：一位出家人问大珠慧海禅师，您修行还要不要用功呢？慧海禅师回答，当然要用功。于是这位出家人继续问，那要如何用功？慧海禅师说，"饥来吃饭，困来即眠"。这位出家人感到很奇怪，不是所有人都是如此吗？但慧海禅师的回答是："他吃饭时不肯吃饭，百种须索；睡时不肯睡，千般计较，所以不同也。"

这同样是一段非常巧妙的禅宗指导，其教学重点在于让我们反观自心是如何运作的。这里没有佛陀的神力保佑，而是让你自己去观察，你的日常一言一行，是否充满了各种分别计较与痴心妄想。如果细细思考的话，你会发觉，我们要能做到吃饭时只关注吃饭，睡觉时只安心入睡，其实是非常不容易的事情。我们吃饭时，通常想着待会要去哪里，要做什么；或是吃在嘴里，心里则想着桌上还没吃到的美味。而睡觉时，身体虽已躺在床上，手里依旧拿着手机玩游戏，或者刷视频；就算眼睛闭上，内心却随着思绪四处游荡，或是想着白天发生的种种不如意的事情，心情焦虑，或是想起明天某一场值得期待的活动，开始浮想联翩。因此，我们的心始终都是在过去和未来之间不断摇摆，思前想后，永不停歇。

因此，这段问答表面上是问慧海禅师如何用功，但慧海禅师的回答其实是告诉我们，万事万物都是因缘生灭，如果我们的心无法安住在当下的缘起，而是思虑已往，或是牵挂未来，其实就是掉进无明的陷阱。

大珠慧海禅师当年去著名的马祖道一禅师所在的道场参学时，马祖直接问他："你从何处来？"他老实回答："从越州的大云寺过来。"接着马祖进一步问道："来此干什么呢？"慧海禅师便回答："想要求佛法。"马祖马上回道："我这里什么都没有，你来求什么？"慧海禅师恳切地问道："我只想问问，哪个是我慧海的自家宝藏呢？"马祖当下便道："现在问我的，就是你的自家宝藏，又何必向外寻求呢？"于是慧海当下大悟。

在这段公案里，其实马祖的每一句问话都暗带玄机，问从何处来，其实暗自勘验慧海是不是落在"有来有去"的二元思维陷阱里，这就是"空"的智慧。而当慧海回答说从大云寺来时，马祖进一步追问来此干什么，此时慧海的"执着"立刻显现，因为他认为马祖会告诉他一个有形有相的佛法可以求得，所以马祖此时呵斥他，说这里一无所有，你要求什么？但是慧海却带着强烈的执着心继续追问，那真正的佛法是什么呢？马祖才最终点明，我们的心只要洞察一切都没有"自性"，这就是你真正的宝藏。至此，慧海才彻底明白，原来佛法不需外求，而要在自性智慧中去体味与承担。

所以，"禅"其实就是真正的觉悟安心之道，而在中国禅宗的公案里,这样的指导被演绎发挥为田间劳作的对话、丈室内的棍棒交加以及溪边石桥上的自问自答。在日本禅学者铃木大拙看来,禅的问答中包含了深远的哲学内容,具备了许多"深刻通透的现实人生与生活上的知识",相比印度人偏向哲理的思维特性,汉文化中的禅问答则结合了"智、意、情"的特征,更为活泼,也更能直抵人心深处。

我们来看另外一个有名的公案。唐朝的裴休曾在一座山寺里看见一幅画像,便问寺僧:"这是哪位?"僧人回道:"祖师画像。"裴休便立刻追问:"画像在此,高僧在何处?"众人哑然,此时回答在或不在,都会陷入自相矛盾。因为如果说"在",就有一个真实的"存在处",那就意味着你认为有一个具体实有的处所,但如果说"不在",那岂不是认为人的生命如油枯灯灭,陷入虚无的断灭论吗?这个时候,恰好黄檗希运禅师在寺内挂单,便被寺僧请出回答这位士大夫的刁难,裴休十分高兴,便问道:"高僧在何处呢?"黄檗此时朗声叫道:"裴休相公。"裴休立即应诺:"是。"黄檗问道:"(那个人)在什么处?"裴休当下立刻领悟。

为何裴休单靠一句"在什么处"就能领悟?在这些对话当中没有任何概念的推理和辨析,因为那只会让人继续落入思维的窠臼中,而是通过日常性的问答往复,展现出最为深刻的真理。铃木大拙为这样的禅问答写下一段令人称绝的评论：

> 禅的独立性，可以说并不在于通过讲道理让对方屈服。道理一定是和道理对抗，从道理的性质看，一辩一驳一般都没有结果。即便明显地输了，也会有好似并没输干净的感觉，愤愤不平按捺不住。但是，"喂"地喊一声，"是"地应诺。亲见眼前事实，毫无办法，只能屈服。禅的优势就在这里。

因此，禅的教学与问答事实上需要师徒双方对于修行导向要有深刻的共识，否则就会在阅读禅宗公案时处处遇到障碍，完全不知道这些禅僧所为何事，只能理解为装神弄鬼，故弄玄虚，或者是把公案的焦点引到一些不重要的议题上去。

但这种指导背后的哲学意涵，并不是人人都能马上明了。有趣的是，著名哲学家海德格尔曾经邀请京都学派的西谷启治前往他家，询问临济禅师在黄檗禅师座下三次被打的禅宗公案。而后来更广为人知的是他与泰国僧人的公开对谈，在谈到"空既是虚无又是存在，是一种充盈"时，海德格尔回应："这正是我一辈子想说的。"

我们不能断言海德格尔是否真正理解禅宗的"空"与"不可言说"，但是禅宗公案中对"存在"的回答，其实是通过黄檗禅师当下的那一声呼唤,将一切概念通通消解为当下鲜活的经验,这种经验超越语言概念,彼此默会无言,如果我们再在此基础上去作逻辑上的辩解,则已经是离题万里了。

可是,"不言说"真的是不用任何语言文字吗?要理解禅宗的"不言说",那就要理解"非不可言,也非不言",那需要体会心性上那种"说也不对,不说也进退失据的绝望感","死也死不了,活也活不下去",那才是禅宗所谓"不言说"的境界,也就是人类的二元论思维走到绝路后的"悟"的境界。

走到这里,就会不得不遭遇何谓禅宗之"悟"的问题,有些人完全不理解有"觉悟"的事实,大概会把禅宗史上的那些觉悟经验视为一种精神呓语而已。但是真正的"悟"本是冷暖自知的。铃木大拙曾举这样一个例子,当我们说那边有一棵树的时候,那就是一种"分别知","树"变成一种概念的知识被我认识,但是禅的"悟"是说,被看的"树"和观看的"我"不再是分离的,而是彼此相互依存。也就是说,被"我"观察到的对象是因为被我看到而变成它的最终形态,这才是禅所理解的"悟"。

因此,所有的禅宗公案,都通过各种各样的手法让徒弟走向那二元论的绝境,在昏天黑地的迷惑与绝望之后,才会死心塌地地放弃那种自我与他人、人与环境的对立,最终才可能理解何谓禅的"悟"，也就是通过体验"空"而获得真正的安心之道。

因此，禅宗的"觉悟"绝非谈玄说妙，而是始终针对我们当下的"烦恼"。

> 有沙弥道信，年始十四，来礼祖曰："愿和尚慈悲，乞与解脱法门。"祖曰："谁缚汝？"曰："无人缚。"祖曰："何更求解脱乎？"信于言下大悟。

四祖道信大师当时只有十四岁，还是个沙弥，也就是没有正式受具足戒的出家人。他礼拜了三祖僧璨大师，问道："和尚，你能不能给我一个解脱的方法呢？"僧璨禅师问道："那谁绑了你？"道信禅师回答道："没有人绑我。""那怎么还要求解脱呢？"四祖言下大悟。

如果拿这一则公案对应我们当下的处境，我们所遇到的疫情挑战，以及经济环境变化后的生存困境，都让我们感受到各种的人世之苦。但是人类文明什么时候真正消灭了苦难？"苦"其实是我们每个人永远需要面对的场景。佛教的"安心之道"给出的解决途径是：这一切并不是因为环境和别人绑住了你。之所以不安，只是因为你的内心充满迷惑和执着，因此自我设限、自我捆绑。

其实，"安心"不过是一念之间。

第八章
Chapter Eight

谁控制了"我"

菩提本无树，明镜亦非台。本来无一物，何处惹尘埃？

——《坛经》

一个看似科学昌明的社会里，"神秘主义"其实无处不在。每当我在课堂上问同学："你们相信占星术吗?"虽然举手的同学不算太多，但是也可以看得出他们眼神中的好奇与兴奋。而在年轻人的日常对话中，也充满着各种关于星座的对话。比如要了解一个人的性格，通常不会从日常观察入手，而是从星座谈起。西方有占星术，中国也有自己的占卜算卦传统，比如中国人常会借助生辰八字或者面相、掌纹来了解一个人的命运，在这些数字或者形象符号里面，俨然蕴藏了我们的命运信息。

　　那么，人的命运真的可以通过这些方式去窥探吗?如果真的可以，岂不是意味着，我们的命运只是一段宿命的归途?

　　有时我也问同学："你们相信自己的人生是一场宿命吗?"大家的态度开始有些游移，举手赞同宿命论的比例变得非常少。

　　这当然容易理解，如果宿命论真的成立，我们大概很容易失去努力的意愿。既然人生命运已然决定，何必辛苦一场呢?

　　可是，如果人生不是宿命，我们的个人行为选择到底又扮演了什么角色？

一、罗拉的困境

首先，我们来看一部非常有名的德国电影《罗拉快跑》。

罗拉的男友曼尼不小心弄丢了黑道大哥的赃款，他惊慌失措，但是距离最后交钱只有 20 分钟的期限，于是他给女友罗拉打了一个电话，希望她能来帮忙解决这个危及生命的大麻烦。放下电话的刹那，罗拉决定要去拯救男友，于是开启了接下来 20 分钟的奔跑拯救曼尼的冒险旅程。罗拉的最终命运分成三种可能的结果来展示。第一个结局是，罗拉没有能够及时赶到，曼尼绝望之下，进入超市抢劫，最终迟到的罗拉与曼尼一起逃跑，但被警察击毙。第二个结局是，罗拉向父亲求救，被拒绝后，干脆就挟持父亲抢劫了他所在的银行，但是当拿到钱跑到会合点时，却看见曼尼被车撞死。第三个结局则称得上幸福圆满。罗拉走投无路之下走入赌场，结果却鬼使神差地赢了一大笔钱，而曼尼也碰巧遇到当时那位捡到钱袋的流浪汉，成功找回丢失的赃款，两人从此过上幸福的生活。

导演把这三种人生的不同结局在电影中分别展现出

来,但是我们都清楚知道,对于真实生活中的人而言,我们的人生最终只能拥有一个结果,或是喜,或是悲。但是如果我们尝试用导演的"上帝视角"去看人生,其实看到的是一系列因果条件的不断组合。我们的主观愿望虽然带有强烈的自主性,就像罗拉拼命想要解救她的男友曼尼一样,但是后续发生的事情却是环环相扣,任何一个条件的改变都会影响到我们最终的人生命运。

因此,我们的人生似乎是从"我想要"开始,但是过程与结果却往往很难被"我"所控制,更像是一连串的条件自动组合完成。因此,罗拉的这三个结局在我们的现实生活中注定只有一个发生。从结果倒过来看,我们的命运似乎像是被某种神秘的力量所预先决定。

这就是宿命论得以产生的开端。

宿命论,在哲学里又称为决定论(Determinism)。简单来说,世界万物都是依靠各种条件而带来相应的结果,因此人生也是这般符合因果律的运作。当起始条件被决定之后,后续只需要按照因果律的链条完成。条件满足,结果必定发生。

但是通常我们会感觉自己拥有"自由意志",似乎是"自己"主动作出选择。这个"我想去做什么"的念头,让人们产生出一种错觉,那就是似乎我们是自由选择人生道路的。

比如在生活中，有人立志努力奋斗，有人则自甘沉溺于游戏娱乐之中，似乎都是我们的自由选择，但是仔细想想，身在局中的人其实也似乎没有选择。比如有多少人都是在不断立志中一次次地懈怠与沉沦，又有多少人在职场上一次次地想要奋起，却发现每一个想法都会遇到各种掣肘，最终只能迁就环境，自己的"自由意志"最后只能变成不满与牢骚而已。

又比如我们上班去搭地铁，其实是因为你的工作要求让你此时不得不出门。这个时候你似乎也可以自由选择不出门，但是无论选择去搭地铁还是不搭，都和某些前设的条件限制有关。我们可能天天都如此地去上班，然后有一天，你突然想要放飞自我，准备旷班。表面上你似乎作出了自由选择，但事实上，你不去上班的这个想法也只是过去积累的种种情绪和压力而导致的结果而已。就算你认为你是随性的自由选择，很可能也只是前述的各种条件聚合起来而让你产生这样的想法。我们似乎身在一个巨大的迷局之中，根本无法跳出自己的人生来看到当时的所有行为可能性，也就是无法从更高的视角来看自己，而身在迷局之中的人，又怎么可能拥有所谓的"自由意志"。

例如在电影《黑客帝国》和美剧《西部世界》里，都设定了层级最高、全知全能的程序设计者的角色。无论是尼奥还是那些由程序控制的智能机器人,都认为自己的行为来自自由的选择。但从更高的层次看,他们也都不过是按照固定的程序运作而已。而当有一部分"觉醒"的机器人意识到自己是由程序控制之后,经过各种反抗的努力,最终却发现,所谓的"觉醒",也仍然只是程序的一部分,这就使得"自由意志"根本找不到立足之地,就如同我们无法扯着自己的头发离开地面一样。

悖论在于,我们始终会感觉到自己可以自由选择,但是除了"作出选择"这个原始动机之外,我们对其他所有的事情都有一种无法把控的感觉,人生的命运似乎陷入一种完全无法由自己主宰的宿命论。

因此,无论主宰人生命运的是某种规律,还是造物主,其实都意味着,个人没有任何拥有自由意志的可能。我们的一举一动,要么就像钟表那样滴滴答答地规律前进,没有任何逆转的可能,要么就是所作的一切皆在某个看不见的造物主的掌控范围之内。

因此,罗拉接到曼尼电话后产生的"我要去救他"的想法,有人认为这是人类自由意志的表达,是完全自由的选择,但是有人却认为,罗拉之所以如此选择,是因为前面的条件成熟,推动着她自然地作出决定。

决定论和自由意志的差别在于,自由意志的出发点是"由我来选择",自己绝对控制自己的选择。但在决定论看来，这只不过是当下各种条件共同作用所带来的结果，使得我们的情绪、意志乃至理性的思维，其实并不是自由的选择，而只是自然呈现的结果而已。

当然，对于决定论和自由意志这两种看法的冲突，还有一种观点是说，我们虽然受到过去各种条件影响，但是个人的选择也是诸多条件之一，我们似乎还保留了一丝自由选择的可能性。就算如此，这也远远谈不上拥有"自由意志"。

就拿《罗拉快跑》为例，当罗拉接到曼尼的电话时，她似乎在此刻有充分自由的选择权，但在那种紧急情境下，她的这种"自由意志"也难免受到各种限制，她只能就现有的各种条件来立刻作出自己的判断和抉择。

在西方哲学史上，斯宾诺莎和叔本华都反对存在所谓的"自由意志"，例如叔本华曾说过，人人都相信自己先天是完全自由的，甚至涵盖个人的行动，而且认为无论何时他都可以开始另一种生活方式，但从后天的经验上，他会惊讶地发现自己并不自由，而是受制于必然，而且不管他有哪种决心，他也无法改变自己的行为。

我们似乎拥有独立意志，它却被许多可见与不可见的条件所限制。所以叔本华才说，我们虽然感觉自己拥有自由意志，但其实最终只能限定在"感觉自己拥有自由意志"这一点上而已。

二、到底谁掌控了"我"?

尽管看上去,"自由意志"难以成立,但是我们直觉上仍然无法接受宿命论的看法。正如前面所分析的那样,就算有各种各样的条件制约,我们在作出日常选择的那一刻,仍然有一种强烈的感觉,那就是——是"我"作出选择,而不是被主宰。

在当代的脑神经科学领域里,也有大量关于"自由意志"的研究与讨论,如著名的脑科学家加扎尼加(Michael S. Gazzaniga)在《谁说了算——自由意志的心理学解读》一书中,以脑科学的研究成果来说明自由意志其实无法成立。他认为,自由意志是人类根深蒂固的一个错觉:

> 尽管我们知道,大脑组织由一大群决策中心构成,一个组织层面上进行的神经活动对另一个层面无法解释,而且和互联网一样,它似乎没有"老大",可对人类而言,难解的谜题依然存在。我们人类有一个"自我"做出所有行动决策——这个信念始终挥之不去。这是一个压倒一切的强大幻觉,几乎不可能撼动。

但是在加扎尼加看来，我们的大脑是一个分布式、并行的神经系统(层级系统)，可以自动启用我们储存在潜意识里的经验去对环境作出自动的反应。这意味着什么？我们所谓的意识认知活动实际上发生在行动之后(或者是同时)，而我们的行动其实是依靠"无意识"的本能来运作的，同时借助左脑对行动进行解释和说明。

这就让我们产生一种错觉，好像是意识主导了我们的行动。事实上，我们的意识只不过是解释了我们的行动而已，不管这样的解释完美与否。

但是为什么大脑的分布式神经系统会有一种"完整统一"的感觉？也就是说，为什么"我"的感觉并没有分裂为不同的主体认知？加扎尼加认为，正是因为我们的大脑有一种后发的解释功能，让所有的神经活动最终形成了一套"我"的叙事结构，于是，那个感觉具有自由意志的"我"便自然浮现了出来。

简单而言，加扎尼加的看法是，我们大脑的意识并不是线性的过程，而是一种模块化的结构。因此我们的意识活动并不是行为的原因，而是那些自动处理的神经模块自己在运行，意识活动只不过是最终的阐释者而已，这让我们形成了"自由意志"的幻觉。

听上去是不是很惊悚？原来，我们和机器人的差别，只在于我们能否为自己辩解和说明而已。

但如果按照这样的逻辑，"我"到底是怎样的存在形态？难道只是一个神经网络驱动的机器吗？

按照加扎尼加以及其他不少脑神经科学家的论证，人脑的日常运作是无意识的，但是与机器不同的一点在于：我们的个人经验，却又在影响着这个"无意识"（潜意识）的运作过程。因此，"无意识"和我们当下的意识解释共同塑造了人生当下这一刻。

"自由意志"的前提是"我"可以自由选择，这个"我"是不容否定的存在，无论它是神秘莫测的形而上存在，还是物质实体。但如果我们认为没有自由意志，也就否定了那个实质的"我"，剩下的只是神经模组、意识和社会的复杂的互动过程。

注意到没有？那个带有"自由意志"的本体性的"我"，其实已经消失了。

不过，加扎尼加没有那么极端：

> 如果你担心的是，了解真相会叫人产生生存危机的话——我想说，没那么严重。毫无疑问，你仍然会觉得控制着自己的大脑，一切归你说了算，归你拍板定夺。你依然会觉得某个人，也就是你，坐在中间做出决定，拉动杠杆。这是一个我们似乎怎么也撼动不了的"超级小人"想象：我们总觉得有一个人，

一个小人，一个灵魂，掌控一切。哪怕我们知道所有的数据，知道它是以其他某种方式运作的，我们仍然有着这种大权在握的压倒性感觉。

所以他的结论是，就算真相是没有"我"，但是我们仍然能够"感觉到"一个真实的"我"，这也让我们的恐慌暂时得到了极大的缓解。

不过把人当做纯粹生理机器的科学家，仍然很多，比如道金斯（Richard Dawkins）就是其中非常著名的一位。他的那本大为流行的科普读物——《自私的基因》阐明了一个基本观点：人类作为生物性的存在，其实是一个基因机器，而我们的基因的基本特征就是试图复制自己，让自己在基因库里不断地壮大，因此人类的自私根源在于基因的自私，是基因主导了人类的行为选择，甚至包括某些利他的行为，也只不过是出于保护自己的基因复制品的出发点而已。

按照这样的逻辑推导，所谓的自私不过是基因自我繁殖的需要，如果继续深入下去，我们是否可以得出这样的结论：作为一个基因机器，真正的"我"是这些自私的基因呢？

无论以上这两种代表性的观点如何表现出其论证的巧妙，都不应该回避这样一个问题："我"究竟是什么？

加扎尼加所代表的观点是：尽管分析告诉我，真实展现"自由意志"的"我"并不存在，但我们仍然拥有"我"的感觉。而道金斯的看法则是：人类的自私特色在于维持自我的生存与发展，之所以如此，是由组成"我"的基因的特性所决定的。所以"我"的自由意志体现在基因上，而不是"我"的意识层面。

真的如此吗？

三、原来没有"我"

在佛教的观念中，"诸法无我"和"诸行无常""涅槃寂静"构成了判断某种观念是否为佛法的"三法印"，即三个标准。可以说，如果不承认"无我"，基本就可以宣称那不是佛法。

正如前面提到的，佛教的核心思想是"缘起性空"，也就是认为一切事物都有赖于各种因缘条件，聚则成，离则坏。所以只有因缘的不断变化，而不是我们看到的那样，似乎万物有生有灭，其实那都只是因缘的不断转换而已。

将这个观点投射到"我"上面，就可以很明确地了解，所谓的"我"，这一个生理和精神的组合体，不过是各种条件恰好满足而形成的生命现象而已。这些条件包括我们的基因结构、过去经验对我的认知塑造，以及当下的各种环境等等，共同成就出当下的"我"。但是，如果要问什么是"我"，既然是依靠条件而成立，这个"我"就必定不会是本质性的存在。

在《那先比丘经》里有这么一段有趣的对话。弥兰王因为精通各种学说，想找一位智者来与之交流，于是有大臣推荐了一位比丘前来，这位比丘就是那先。弥兰王当然想要挑战一下这位被誉为智者的僧侣，首先就问道："谁是那先呢？头是那先吗？"那先回答道："头当然不是那先。"接着弥兰王问，那耳朵、鼻子、嘴巴、颈项、肩臂、手足、腿脚、肤色、苦乐、善恶、身躯、肝肺、心脾、肠胃等等，是不是那先呢？那先比丘的回答当然是否定的。

接着那先比丘开始反问弥兰王，车轴、车毂、车辐、车辋、车辕等组成部分，乃至车运动所发出的声音，哪一个才代表车呢？弥兰王回答说，这些都无法代表车。那先比丘便问，那什么才是车呢？弥兰王沉默不语。那先比丘这时候才引用佛所说的道理来回答，也就是，所有这一切组成的部分合在一起，才能称为那先或者车。

这种将认知对象层层化约拆解的认知方法，在佛学中，有一个专门的术语："析空"。也就是说，为了认知一个事物的本质，可以从空间、时间等角度来进行化约式的分析，前面那先比丘和国王的对话，显然就是从空间形态的角度来进行分析,最终发现在每个组成部分中都无法找到"我"的本质,由此便推导出"无我"的结论。

比如,我们把自己的身体一层层地剖析开来,从皮肉、筋骨往深处去观察,最终看到的也不过是基因、蛋白质或粒子而已。但基因、蛋白质或粒子就是生命的本质吗?这只不过是我们的观察极限而已,我们能借此推论说,基因或粒子代表"我"吗?它们只是"我"的组成条件而已,如何能说它们就是生命的本质?从基因和粒子中,看不到"我"的特质。

从时间流逝的角度,也可以进行这样的分析。比如那先比丘就问弥兰王,小时候在吃奶的时候,然后到了长大的时候,这两个身体是一样的呢,还是不一样的呢?弥兰王说,身体当然是不一样的。那先比丘又问,人还是受精卵的时候,到有肌肉、骨骼的时候,到长到几岁的时候,还是过去那个受精卵吗?当然都不是。

有时候想想,我们的人生不过是无数的时空切片,到底哪一个才是你?如果用高维度的视角看,我们在尘世中走来走去,忙来忙去,每一个时空的切片好像是你,又好像不是你,你找不到那个单一的、不变的、本质的你。十五岁的你是你,四十岁的你也是你,请问他们是一个人吗?既是又不是。

显然,这就是从线性时间的角度来拆解"我"的真实性。也就是说，我们会想当然地认为有一个"我"存在，有某种恒常的本质，而我们借助时间、空间的拆解，就可以看到在这个五蕴身心中，根本找不到"我"的本质存在。

这种利用"析空"的方法来层层剖析我们身心的逻辑，和西方哲学史中的"忒修斯之船"的问题如出一辙。在公元 1 世纪时，古罗马的哲学家普鲁塔克曾提出一个哲学问题：假如我们把名为"忒修斯"的船每隔一段时间就更换掉当中的一些木板，直到最终全部更换一遍，那么后来的这艘"忒修斯"还是最初的那艘船吗？

在西方哲学史中，对这个问题的讨论有很多答案，但是如果按照佛学的思维，就正如前面的那先比丘所回答的那样，人世间无常变动，我们的身心也是如此，那么过去的"我"和现在的"我"，乃至未来的"我"，究竟是同一个"我"，还是不同的"我"呢？这个时候就要去体会这种"相续而不同"的存在状态，这也是佛学中比较初步的关于"无我"的解释。

这里还是再拿比喻来总结一下吧。"我"其实就如同一条河流，看上去连续不断地变换，但是它仍然维持着一种让人可以识别的轮廓，它有自己流动的方向与形态，但是你却不能说，哪一滴水就是这条河流，你也不能说，前一秒的那一朵浪花就是这条河流。你会感觉到过去、现在、未来奔流的每一滴水珠、每一朵浪花乃至每一个漩涡都是这条河流，但同时又都不是这条河流。

那么，我们该如何观察和体验"无我"呢？

首先，我们可以用前面已经介绍过的思维方法去观察，比如佛陀在经典中要弟子们时刻去观察五蕴身心，比如从时间、空间、形状乃至运动等角度观察身体，那里面到底存不存在一个"我"，乃至进一步从受、想、行、识等"心识"层面也同样去观察，我们的感受、取像、念头迁流乃至意识分别中，到底有没有一个"我"。如此反复思维，就可以让自己对于"我"，慢慢看得清楚和减弱执着。

举个生活中的例子。你早上兴冲冲地赶到公司上班，但可能运气不好，手头的事情处理得不够妥当，或者仅仅是因为上司误解，将你劈头盖脸地骂了一顿，现在的你，当然会心情沮丧，还会感受到委屈和愤怒，甚至直到中午都仍然耿耿于怀，就算不再回味当时的场景，内心中压抑与晦暗的感受也很难消散。

此时，你或许可以这么思维：的确，现在的"我"非常难受，产生了很多烦恼。那么，到底是"谁"在烦恼呢？"我"不过是由身心组成的现象而已，那么到底是我的头烦恼，还是我的胳膊烦恼，抑或是我的嘴唇烦恼呢？当然你会马上得出结论：是"我"的"心"在烦恼。而"心"又是什么呢？我们根据心识的作用，可以划分为受、想、行、识这几个不同的认知阶段与不同方面的作用，那你可以继续去思维：早上上司的那顿责骂声，明明已经过去，当下的"我"根本没有再听到，同样，我也看不到当时上司的那张愤怒或扭曲的脸，偷偷瞄一眼的话，此刻的他／她或许还正在开怀大笑呢！也就是说，责骂发生时的"我"，到了现在，其实早已经时空转换，无常变动，眼、耳、鼻、舌、身早已经远离上午的境界，那为什么"我"仍然会为上午的事情焦虑不安呢？

其实，这不过是因为你的意识里预设了有一个"不变"的"我"，所以上午感受到沮丧的那个"我"，被你硬生生地带到了中午、下午，乃至第二天。而这不过是因为你在那个不愉快的心境里错认为有一个真实的"我"存在，所以就会背负着这个受伤的"我"，度过一个个白天与黑夜。执着比较深的人，就算是再长的时间，也很难化解某些场景下所受到的心理打击，因为那个心理所臆想出来的"我"过于坚固，因此所感受到的苦楚也就特别深切，直到身心疲惫，情绪崩溃，再也没有心力去造作这种关于"我"的幻觉，才能慢慢地从情绪的低谷中走出来。

我们有时候会说，要和过去的"我"和解。不过四十岁的你和十五岁的你，如果是同一个人，那不需要和解；如果是两个完全不相关的人，那也不需要和解。因为如果你们是同一个你，那就意味着没有变化，既然是同一个，哪里需要和解呢？十五岁的你有梦想、有彷徨，四十岁的你圆滑又世故,好像变了一个人,你俩完全不一样,那你何必为一个不相干的十五岁而耿耿于怀?但事实上为什么人们觉得需要和过去的"我"和解?因为和过去的自己既相关又不相关。正是因为感觉和 TA 有关系,又感觉 TA 已经离我而去,所以才特别想要抓住那个十五岁的自己。十五岁的你和今天的你,既有相续性,又有差异性;既非同一个,也非全无关系。这也就是前面谈到的"不一亦不异"。

很多人会把过去原生家庭的问题,一直带到自己后来的生活当中,始终被过去的家庭阴影所笼罩。在他们的心中,过去和今天的自己是同一个人,因此会让自己的心始终背负着一个造作、幻想出来的十五岁时的自己。其实,过去的已经过去,虽然过去的"我"和今天的"我"有关系,但却并非是同一个"我",既然不是同一个,到底是哪个"我"在受伤呢?

佛教讲"无我",其实并不是要否定我们的生命过程,而是指出,所谓的"我"的身心现象一直在变化之中,因此不要去执着有什么永恒之物,而只需要观察人生因缘的种种变化,并且接受各种生命的现实。往往我们对逆境的不接受,是在于我们认为,现实可以因我们的意志而改变。事实上,世界的运作是复杂的因缘业力网络,你我不过是此因缘网络上的一份子而已,我们只能顺应和转化

223

它,而不能粗暴地扭转它。

讲到这里,有人大概会疑惑:"那强调无我,难道就是逆来顺受吗?"

其实,佛教的"无我",是洞察世界本质之后的一种超越态度,也就不再会局限于身心上的欲望追逐。因为所有的欲望,都是在滋养那个并不真实存在的"我",似乎可以一劳永逸地获得快乐。事实上,我们有多少的欲望满足,就会有多少欲望无法满足时的失落与沮丧。

"无我"是佛陀所体验到的生命真相。上面我们只不过是借助分析推导出"我"的悖论,但我们的幻觉仍然主宰着我们,我们仅仅是知道"无我",而非真实地感受到"无我"。

就像科学中的理论假设与实验之间,永远存在着差距。虽然佛陀清楚地告诉我们,"我"是人生的幻觉,但是我们仍然无法摆脱它,正是在这个意义上,修行实践在佛教中才体现出其重要的意义,是一种证明"无我"的手段与方法。

第九章
Chapter Nine

心的锻炼

春有百花秋有月，夏有凉风冬有雪。

若无闲事挂心头，便是人间好时节。

——《无门关》

按照一般的佛教史看法,佛教大约是东汉时传入中国,在这之前,中国本土就已经有了道家这一类虚静无为的思想传统,而且也有类似的修道实践。比如在《庄子》中,就有讨论"心斋""坐忘"乃至"撄宁"的内容,大约就是澄思静虑的修行方法与体验。但是整体而言,这些方法并没有被体系化和普遍化,往往依靠非常隐秘的私传口授。比如到了近代,"仙学"的代表人物陈撄宁才对"心斋"的观念和方法论进行总结归纳。

　　反观印度,从很早就有着高度重视心灵内观实践的文化特质,因此从早期的修行沙门开始,就慢慢发展出比较系统化的瑜伽修行传统,而佛教也充分地利用了这个优势,从而建立起自己特有的修行体系。

　　而早期佛教经典传入中国的过程,教理与实践方法(也就是修行),基本上是同步传入的。比如东汉时非常著名的西域僧安世高,据说他是安息国王子出身,后来出家为僧,他曾翻译过一部佛经,《阴持入经》。"阴"就是"五蕴","持"就是"十八界","入"就是"十二入"。通过这几个佛学术语,我们可以大概了解,这部《阴持入经》其实就是一部基础的佛学概要。

在这部经典的结尾处,谈到了要想解脱应该如何修行。经文是这样说的:"为一切天下人有二病。何等为二? 一为痴,二为爱。是二病故,佛现二药。何等为二? 一为止,二为观。若用二药为愈二病,令自证。贪爱欲,不复贪念,意得解脱,痴已解,令从慧得解脱。"

这段经文的主要意思是说,人类的烦恼根源就是"痴"与"爱",佛陀给出的解药与方法,就是"内心安止"和"思维观察"。只要能做到"安定"和"觉察",就可以让贪爱不生,不陷入痴迷的状态,最终得到所谓的觉悟和解脱。

因此,佛教里关于修行的方法可以总结为两个字,"止"和"观",直接的音译是"奢摩他"和"毗婆舍那"。

安世高另外也翻译过一部经典,名字是《佛说大安般守意经》,更加详细地介绍了如何修行"止观"法门,也就是从心的安定导向解脱的法门,内容分别是"数息、相随、止观、还净四谛"。后世天台宗开创者智者大师,又将这里的四谛细化为"六妙门",也就是"数、随、止、观、还、净",这也成为汉传佛教中非常重要的禅观指导。

下面,我对"六妙门"的"数、随、止、观、还、净"作一点简单的解释。

所谓"数",就是"数息",用数数字的方法来提醒自己的心持续地安止在呼吸的进出上,我们稍后会详细介绍这个方法;"随"就是舍掉数字,或是安放在某处去觉察呼吸的进出,或是随着呼吸的进出去觉察出入息的各种感受;"止"则是指当心越来越专注和细腻时,心开始不再四处攀援,而能持续地安定;"观""还"和"净"主要涉及"止观"中的"观",也就是用佛教的教理来思维、推导乃至反观心的运作逻辑,最终能够洞察"我执"的根源所在,进而得到觉悟。

这里无法给大家详细全面地介绍汉传佛教的各种禅观理论和方法,只是想通过非常通俗的方式,来给大家作一些基本的入门讲解和提示。需要提醒的是,虽然禅修的基本方法并不复杂,但仍然需要得到相关的指导,才可以避免出现因为自己身心条件准备不充分而带来的问题。

在介绍正式内容之前,我也想简单解释一下一般人可能会误解的地方。我们一般提起佛教的修行,可能会联想起某些具体的形式,比如诵经、念佛拜佛、持咒乃至打坐等等。事实上,这些形式都只是某种手段,其核心都是回到前面所提到的"止观",因此在佛教经典中,一般都用"禅观"来指代修行。我们现在日常用语中的"禅修",从浅的层面来讲,更多指的是坐禅的形式,而从深层来讲,其实就等同于"禅观",也就是"修行"。

为什么要禅修

关于禅修，或者是大家更熟悉的"正念冥想"，这些年在媒体上的曝光率越来越高，各种公益性或者商业性的课程，也让人们更加容易接触这个略带神秘感的领域。

但是，禅修是什么？它和"正念冥想"有什么异同点？这恐怕是大多数人无法一时厘清的疑惑。不过确定的是，如果练习得当，无论是佛教的禅修，还是带有心理疗愈特色的"正念冥想"，都可以让现代人获得某些身心安顿的好处，这也是信息过于密集、人们过于焦虑的今天，很多人试图去寻找的一条自救的道路。

其实，禅修的基本原理非常容易理解，就像我们的身体的肌肉需要适当的锻炼才不至萎缩一样，心也需要锻炼才会更放松，更有弹性，也更专注。我们在日常生活的大部分时间中都是处在高度紧张的状态，经常会遇到各种情绪、烦恼。有的人会把情绪压抑、忍耐下来，有的人则会向外寻找解决的方法，比如通过运动、游戏、刷剧、购物来排解，或者吃顿好吃的、喝喝酒来发泄，但这些都只是暂时压制或遮盖了原来的烦恼，并不能解决根本的问题。

而禅修是一种非常有效的方法，帮助你反观内心，通过方法来观察自己的起心动念,从而了解自己究竟因什么而紧张、因什么起烦恼,这个时候再思维为何我们会如此起心动念,才能最终对症下药。

一般而言,通过持续的练习,我们至少能获得以下一些益处:

首先,身心放松。平时我们在学习或工作中,时刻都在接收新的信息,其实身心一直处在忙于接收和应对的紧张状态。通过练习,我们将注意力放在向内观照上,身心可以渐渐进入放松的状态。

其次,身心柔软。打坐可以促进人体血液循环,使身体更加灵活自如;在禅修中获得的平和心境可以渐渐影响我们对周围环境的感受,从而在人际关系、事情的处理中都能找到更加温和、有效的方式。

最后,提高专注力。当心散乱时,我们很容易走神,忘记当下的状态。平时生活中,我们很容易在处理手头的事情时分心散乱,甚至不断拖延真正需要去做的事情。通过禅修练习,我们不断将跑出去的念头拉回来,心更稳定、有力,就能有效提高专注的能力和多任务同时处理的能力,对于治疗拖延症也非常有效。

总之,我们可以通过禅修来学习如何与自己独处,看清自己的心念如何运作,通过持续的训练,让心更能自主,更有力量,情绪更稳定,从而能更好地处理复杂的状况,解决生活的烦恼。当然,这只是禅修练习所带来的一些初步利益,但对于佛教强调的觉悟而言,也是必要的条件和基础。

禅 修 体 验

接下来,我们不妨做个实验吧。

你可以在自己所处的空间里找到一个安静的角落,坐在椅子上,但不要紧靠椅背,腰部轻轻挺起,闭上眼睛,深呼吸几次,吸—呼—吸—呼,先把自己放松下来,不用刻意地去想任何事情,只是坐在那里。接下来可以看我的解说引导,来做一个小小的体验尝试。

全身放松,此时不需要特别关注什么事情,只是单纯地去感受自己的身心感受。就好像我们躺在海边或草原上,静静地聆听海浪声或是感受青青草香一样……感受自然放松呼吸的感觉,不要控制呼吸的节奏……当我们自然呼吸的时候,我们可以觉察随着呼吸,我们的身体自然起伏的感觉……然后我们可以把注意力放在鼻端人中的位置,去感受每一次呼吸进出的感觉,但不要跟随呼吸进出。如果发现自己的念头跑掉,就请轻轻地拉回来。就这样将注意力放在鼻端,体会呼吸进出的感觉……好,体验结束。

经过刚刚的体验,你或许会发现自己头脑里的活动似乎毫无规律,一会想东,一会想西,就是很难持续专注在觉察呼吸的感受上,脑中就像"意识流"一样流动而无序。那么,如何让这颗像猿猴一样的"心"暂时安定下来呢?我们可以尝试寻找一个参考点来让心有所依靠,看心能否稳定在这个参考点上。在刚刚的引导语中,这个参考点就从"体会身体随着呼吸的起伏"变到了"鼻端",感受每一次呼吸的感觉。而这种让心稳定在参考点上的练习,就是禅修中"定力"的训练。

七　支　坐　法

虽然禅修的训练我们随时随地都可以实现,但是最好用盘腿的方式来迅速体验"安定"的感觉。下面,我们再来介绍几种禅修的基本坐姿,你可以依据自己的身体状况来选择。

禅修最主要的坐姿就是"七支坐法"。所谓七支坐法,是指身体姿势的七个要点。

第一,结跏趺坐。这是标准的打坐姿势,也是我们常说的"双盘",有两种形式:第一种,通常是以左脚在下,右脚置于左大腿上，再将左脚置于右大腿上，称为如意吉祥坐。第二种，将右脚在下，左脚置于右大腿上，再将右脚置于左大腿上，称为不动金刚坐。

双盘是最稳定的姿势，但是它对身体柔韧性有要求，年长的人或初学坐禅的人很难一下子做到。若无法做到双盘，可以选择单盘或散盘的坐姿。

单盘，也就是"半跏趺坐"，仅将一只脚置于另一边的大腿上。左脚在右腿上，或右脚在左腿上，两种方式都可以。这也是比较稳定而且适合久坐的姿势，最推荐禅修者练习。如果一开始练习单盘，一只脚放不到大腿上，只能放到另一边的小腿上，那也没关系，就从这个位置开始练习。或者膝盖翘得很高，没法着地，这也很正常，可以在翘起的膝盖下面垫好毛巾，让双膝稳定。

单盘也有困难的人，可以选择散盘，两脚都放置在坐垫上，自然交叉平放，不要重叠，两脚掌向上。还有一种"交脚坐"的散盘方式，两脚都放置在坐垫上，向内向后收，两脚自然交叠，脚掌向上，置于两小腿乃至两大腿之下。

无论哪种姿势，盘腿坐好以后，都以两腿膝盖着地为宜，从臀部到双膝形成了一个稳定的三角形。

第二，挺腰含胸。把背脊竖直，挺起腰杆，但是不需要挺胸，肩膀和胸部还是放松的。可以想象自己的脊柱从下往上一节一节竖直地垒起来，很轻松。

第三,双肩平垂。将两肩肌肉放松,当肩膀放松时,你会感觉像没有肩膀、没有手臂一样。如果找不到这个状态,可以吸气,把两肩收紧、提起,再呼气,把肩膀放下,这样就能放松下来。

第四,手结定印。两手手指轻轻相叠,右手在下,左手在上,两手拇指轻轻相触,结成半圆的形状,轻轻置于丹田下的胯部,手印平放在大腿上。如果有人习惯于左手在下,右手在上,那也没关系。

第五,下巴内收。头顶向上垂直。

第六,舌抵上颚。嘴巴轻轻闭上,舌头可以抵住上颚,如果不习惯,可以自然放松,不需要用力。如果打坐的过程里分泌了口水,轻轻咽下就好。

第七,眼睛微闭。略有光线感即可,不必紧闭,因为睁眼心易散乱,紧闭则易昏沉。

这七个要点,就是七支坐法的主要内容。此外,还可以加上一条“面带笑容”,把脸部和心情都放松下来。

如果你的身体不方便盘腿,还有两种坐姿可以选择。一种是跨鹤坐,又叫正坐。双膝跪下,两脚的大拇指上下交叠,将臀部坐落在两脚跟上。也可以把蒲团竖起,垫在臀部下方,更容易稳定、久坐。

另一种是正襟危坐。坐在与膝盖同高的椅子或者板凳上,两脚平放在地面上,两小腿垂直,两膝间保持一个拳头的距离，背部不要靠在任何东西上，臀部要坐实，大腿宜悬空，与小腿成 90 度直角。身体的其他部位，和前面盘坐的要求一样。

初学者可以多试几种坐法，以自己觉得舒适、能够久坐的方法来开始禅修，当身心逐渐习惯以后，再尝试更难的坐法。

知道了怎么坐，那我们要坐在哪里呢？你还需要准备蒲团、方垫和盖腿布，如果没有专门的工具，从简即可。方垫要软硬适中，蒲团放在方垫的后半部分，这样，你打坐时的整个身体都在方垫这一方空间里。一般的蒲团，不宜整个坐满，而是坐到二分之一或三分之一的位置，以利于腰部挺直。最好穿宽松的衣裤，腰带放松，也尽量不要戴项链、手表或眼镜等物品，让身体完全没有压力负担。在蒲团上坐定以后，用盖腿布把腿脚、膝盖盖好来保暖。

数 息 的 体 验

坐定之后，禅修最为重要的就是用心的方法。很多人误以为静坐就是放空地坐着，什么都不用想。禅修的训练并不是如此。

正如前面刚刚简短体验过的那段引导语一样，我们首先要寻找一个目标来让心安定在上面，比如用呼吸作为我们的参考点。通过数呼吸的方式，一方面是为了让自己放松下来，另一方面也是为了帮助自己专注当下。当我们身体比较紧张的时候，呼吸会比较粗，通过觉察呼吸，就可以让我们放松下来。

怎样数呢？

请你自然地呼吸，保持平时的呼吸状态，让自己的身体慢慢安定下来。然后以先呼气、后吸气作为一个完整的回合，当气息从鼻端呼出时，在心里默数数字"一"，下一个回合即将开始时，在心里默数数字"二"。这样从一数到十，再从头，从一数到十。如果在这个过程中，因为昏沉或走神忘记了数字，不需要慌张，也不需要后悔，只要从容地从头开始，从"一"开始数就好。

这个数数的方法听起来非常简单，是不是很容易就能做到呢？

其实，如果我们真正去练习，就像刚刚前面做的那个体验一样，你会发现思绪不一会就跑走了，很难持续专注在当下的呼吸上。

举个例子来说，我们的心就像一只调皮的小狗，我们都希望它可以守住"呼吸"这根柱子。当心不安定的时候，一旦外面有什么动静，我们的心就会像小狗一样离开柱子,跑向声音所在的方向,甚至它已经跑出去在外面绕了好几圈,你也丝毫没有察觉。但是现在你在打坐的时候,把注意力始终放在鼻端,让心安住在当下对呼吸的觉察中,一旦有妄念让心跑出去,你就会有足够的警觉,知道它跑出去了,这样就能马上把它拉回到对呼吸的觉察上。

只要我们通过不断训练,慢慢地有一天你会发现,那只小狗只要跑出去一点点距离,你就可以迅速觉察到,把它拉回来,甚至有一天它可以很安稳地守在这根柱子旁边。

这就是禅修的基础坐姿和用心方法——数息观。但要注意的是,每次练习的时候,要不宽不急,也就是既不放逸又不紧张,心态上不急促。练习结束的时候,可以先自己告诉自己禅修要结束了,然后慢慢转动身体,慢慢给身体按摩,从禅修的静态回到日常的动态。

容易遇到的问题

数息观,是最基础的佛教禅定方法之一,也可以说是初学者最好的入门方法,随着每个人修习程度的加深,就可以体会到由浅至深的身心变化。

　　下面我们再来简单介绍一下，在练习数息的过程中，可能会遇到的一些问题。

　　数息的时候，初学者常常面临一些共同的问题。例如一边数息，一边总是有许多妄想杂念，甚至整个打坐过程中都被妄想带着跑，身体虽然坐着，心里却像在导演一部又一部电影。开始练习的时候，可能数不到十就中断了。当你觉察到自己被妄想带跑的时候，不需要懊悔，也不需要去和妄念对抗，只要把注意力拉回来，回到呼吸上，继续从"一"开始。

　　除了散乱，昏沉无记是另一种常见的状态。有的人数息一直数到几百，才回过神来，这说明他只是在机械地数数字而已，并没有在觉察呼吸。现代人平时生活习惯不规律，又一直习惯向外寻求刺激，刚开始打坐就很容易感到单调无聊，用不上方法，就昏沉、瞌睡。这时候应该提起心力，保持清明和醒觉，也可以睁开眼睛，让昏沉的睡意过去，再回到数息的方法。

　　另外，有人在数息时可能会感觉头痛、头晕，甚至出现呼吸不畅的情况。请先观察一下身体的坐姿，是否背部弯了，导致呼吸不能顺畅、放松，把坐姿调整好。出现这些情况，也可能是因为身心紧张、控制呼吸了。对气息的控制，包括因为注意到呼吸而紧张，拖长或加速呼吸来配合数字，刻意用某个部位呼吸，或者把呼吸加重或调细，这些统统不必要，而且会造成身心的紧张。

以呼吸作为觉察的对象时，请务必保持放松、自然的呼吸。只要你持续地练习，心越来越安定以后，呼吸也必然越来越微弱和深细，这是自然发生的变化，也不必害怕，自然地觉察就好。

从数息到随息

当你能把数息的方法用上，而且越来越稳定时，只有在觉察呼吸的你、你所觉察的呼吸和数字这三个作用，呼吸会自然变得缓慢、深长，甚至不大能感觉到气息的出入，而且感觉数字这个念头有点多余了。这个时候，你就可以转入随息的方法，不用数字，继续专心于呼吸的出入了。气息从鼻端呼出去的时候，你很清楚，吸进来的时候，你也很清楚，始终轻松地、清楚地感受气息流经鼻端的感觉，对气息的长、短、涩、滑、冷、暖也都清楚。

一般而言，都是数息的方法已经用得比较好了，自然地转入随息。有人功夫还没有踏实，觉得不用数字、直接随息会更容易放松。但需要注意的是，这种所谓的"放松"，很容易成为一个陷阱，你需要警惕自己是真的在用随息的方法，还是只是坐在那里，以为自己在用方法，其实什么都不知道了。一个判断的标准是,如果你认为自己随息用得还不错,那么你改用数息的方法,一定也能够比较稳定。否则,尽管你以为自己在随息,却可能是陷入了昏沉无记——也就是对自己的身心状况、方法使用都毫不清楚的蒙昧状态,那就失去禅修的意义了。所以还是需要回到数息的基础方法,数字会提醒你自己的觉察是否还在呼吸上,提醒你不断地回到方法,回到当下,保持觉察。

初学打坐的人,如果身体容易紧张,对鼻端的气息不容易清楚地觉察,这时候也不用刻意去找呼吸,越找身体越紧张,越感受不到呼吸。你只需要重新把自己放松下来,自然就会感受到呼吸带来的身体的起伏变化,你能感受到哪里的动态,就把注意力放在那里就好。可能是腹部,可能是胸腔,你就观察那里随着呼吸的一起一伏,当觉察比较清晰的时候,再回到鼻端的数息或者随息上。

最后还想说的是,关于禅修,并不像我们想象的那样只能盘腿坐着,其实它不限于任何形式。如果你掌握了方法的要领,走路、喝茶同样也可以禅修。但是对于初学者来说,之所以要采用静态的打坐来入门,是因为当我们处于动态时,心会随着眼耳鼻舌身等五根向外攀缘;而当我们处于静态时,就强制性地隔绝了部分干扰,能更好地往内专注,心也更有力量。因此,静态的用功,相对而言更容易入手。

以上内容，是佛教禅修方法中最为基础的数息和随息的方法，大家可以根据自己的情况来练习、体验。另外关于这方面的书籍，这里可以推荐圣严法师的《禅的体验》以及德宝法师的《观呼吸》。但仍然需要提醒的是，由于个人情况各有不同，请大家多作自我的观察和了解，并尽量寻找有禅修教学经验和良好口碑的寺庙道场去学习。

需要强调的是，佛教的修行其实是一场生命的实践，它需要我们投入一定的时间和精力去反复练习和体验，并且从中反过头来去领会佛陀为何说出那些我们很难理解的道理。当然，这条道路并不容易，就像我们前面所说的那样，这只是最为初步的方法介绍，供那些想要改变自己生命状态的朋友来作一点了解和练习，或许只有这样，我们才会更真切地理解佛学繁琐概念背后的那份真实的生命力量。这也是当下社会所特别需要的"心的锻炼"。

第十章
Chapter Ten

生死与涅槃

君子之交，其淡如水。执象而求，咫尺千里。问余何适，廓尔亡言。华枝春满，天心月圆。

——弘一法师

曾经有这样一句话:"我们其实一直都假装不会死去。"

从出生开始,我们都对生活一直充满着希望,因为所有身边的人都在暗示一个事实,你还在成长当中,你拥有美好未来,有无尽的可能在等待着你。

可是人生真的是如此吗?有多少人乍出生就夭折?又有多少人尚是青春年少,就化为了一抔黄土?又有多少人英年早逝,出师未捷身先死?在这个地球上,人类每天有数以十万计的生命在消失。有生必有死,是众生的宿命。

我们从一出生开始,其实就注定了死亡的那一天,不过在中国的文化语境里,很少有人主动谈论死亡,更多的是回避、忌讳。可是,这个问题需要解决,死亡意味着什么?为什么生命的逝去如此重要,但是今天的我们却很少去正视它、理解它乃至超越它?

在我们的成长记忆里,父母是极少与孩子讨论生死问题的。甚至在多数场合,"死"是一个充满忌讳的字眼。但我们不可能屏蔽掉死亡。还记得童年的暑假,我常回老家度过炎炎假日,那里的一切都很朴素、自然,连死亡也是如此。

有一天，邻居亲戚家传来哭声，幼小的我恍惚间听到长辈在说："大爹爹（爷爷的长兄）走了。"我当然不明白"死亡"意味着什么，但能感觉这是一件非常严肃的事情，因为所有的村民都围绕在亡者的屋前，男丁似乎在商量什么，而女性则在一旁窃窃私语，大概讨论的是这一家人的后代儿女的情况等等。

之后的情况大多都印象模糊，只是清楚地记得，当父母赶回老家时，"大爹爹"的遗体陈列于堂屋前，脸部盖着白布，而堂屋里早在多年前就一直横陈着黑木棺材。为自己准备遗棺，是山民的习俗，也是他们对死亡在某一天注定来到的心理建设。生老病死，对于传统乡村的百姓而言，是一个整体的生命结构，"生"与"死"拥有同等的分量。

在今天的文明社会里，我们越来越少地直接面对死亡。我们很少能有机会全程陪护病人临终的全过程，临终病人死亡之后就迅速转移到太平间，我们无法观察生命死亡后续的任何变化。这种制度背后的假设很简单——医疗机构判定的死亡是绝对意义上的生命终点，它不容置疑地切断了生者与死者的联系。

可是，童年我在乡村目睹的死亡仪式，是一个相对漫长的过程，从停灵、守夜到抬棺、大殓，这个告别的过程不仅让生者得到慰藉，对死者也或许有某些我们看不到，也无法真正理解的帮助。

"死亡"不会因为我们的漠视而消失。或许只有直接面对，才能真切感受到死亡对于我们所具有的莫大意义。

一、面　对　死　亡

通常而言，我们大多都是被迫去思考死亡的意义问题。因为在死亡威胁来临之前，我们都会想当然地觉得，那是一个自然过程，只需静候，不必追问。我们会觉得，"死亡"是无法质询的，因为它是一条不可变动的界限。生与死，彼此无法对望。

但事实上，看似在"彼岸"的"死亡"，却一直给我们的"生"带来影响。

比如，处于临终阶段的人，对于即将到来的"死亡"，除非自己有充分的心理准备，绝大多数都会产生各种负面的情绪。对于临终者而言，"死亡"是一件迫在眉睫之事，是很难置身事外和坦然应对的，因为那种对于"消失"和"虚无"的恐惧，是人类面对死亡的最大心魔。

多年前，家中老人突发中风，引发了后续的心脏病，虽不稳定，但远未到病危的程度，但是老人却情绪激动，四处召集家族成员来作最后的嘱托。家人觉得十分奇怪，这不像老人平素的处事风格，后来慢慢观察才了解，这只不过是因为感受到死亡来临的恐惧而作的下意识的反应。照说老人从小胆大，行事果断，而且也依据老家习俗，早早地安排了后事，但当真正面临死亡的威胁，仍然会不由自主地感受到恐惧与无助。

我也曾亲眼见过朋友在病情恶化时的挣扎与无奈，一个临终者当意识到生命过程无法逆转的时候，潜意识里对于"死亡"的看法便会自然地流露，无法控制，如果没有足够的心理建设与准备，就会产生种种的心理危机。

这一类心理危机所包含的内容非常细微，比如他可能会想："为什么要死的是我？""我过去是做了什么而导致我今天的状况？""有无灵丹妙药可以让这一切回到起点？"很多重症患者在最后阶段的病急乱投医，其实都是这种心理危机的表现。无论怎样，大多数的临终者都会拒绝死亡的来临，这反而使得他们的离去往往不是平静舒缓，而是痛苦、仓促且无奈的。

前些年在台湾媒体上，著名作家琼瑶发布了一封公开信，她在信中说，她不要临终时的任何抢救措施跟过度医疗，让她自然度过死亡的过程。一般我们都了解，在临终状态时，临终者通常把生命的决定权交给家属，但家属在那样的仓皇无措状态下,基本没有能力去理性思维如何处理,其实又将临终状态的处置权全部转嫁给医生,进而只能按照一般的医疗流程处理。此时,过度医疗就不可避免,比如插管与心脏复苏,但是这却有可能给临终者施加不必要的痛苦,而不是让已经无法挽救的临终者自然走完最后一段旅程。

所以临终过程是否顺利,反过来却变成生者需要学习的功课。因为如果没有长时间对于死亡的思考、认知乃至相关的实践(比如预立遗嘱、接受安宁照护的观念),你就很难去自然地接受"死亡",而"死亡"的过程将会变成一场猝不及防的悲剧,乃至闹剧。关键的是,临终者的最后一段路程将会走得坎坷、痛苦。

除此之外,在一般的认知里面,"死亡"是生命的结束,所有的思考似乎在这个地方宣告停止。但在不同的宗教、文化里,"死亡"却有着不同的内涵,例如佛教就会认为生命是永无止息的轮回,而非断灭,因此临终时的状态会直接影响到下一期生命的善恶与好坏。这一类看法在现代社会里被广泛地质疑,只是在宗教群体内部才得以流行。但是现代社会的认知是否绝对正确?

对于那些有机会陪伴临终者的人,尤其是亲属与好友而言,"死亡"不仅贯穿了临终者的临终过程,它还会把自己带入到生者的后续生活中去。因为死亡往往会让生者持续感受到生命的失落与缺憾，让他们常常觉得自己的人生已经不再完整，却又无法给自己一个更好的理由。每天生活中固定出现的事情不再重复，因为对方的离去破坏了我们的固定的生活节奏与习惯，亲友虽然离去，但是那种心理上的连接却难以遗忘，一旦破碎，失落感自然生起。

常有学生给我来信，告知在亲人去世后的很长时间，他们的内心总有挥洒不去的遗憾与悲伤，甚至严重影响自己的日常生活与学习。与至亲之人的亲密关系被死亡截断，对于生者而言，内心对于对方的不舍，以及对熟悉关系模式的执着，都会让生者持续遭遇"死亡"问题，但此时的"死亡"，更多是指"关系"与"习惯"的失落感。

因此，"死亡"对于生者的意义，并不停留在生与死的转折点，也不止于从临终到入殓的过程，更多是死亡之后生者对于"亡者"的不断追忆、思考与困惑。

许多人因为亲友的离去而陷入了长期的精神低迷，这种状态绝非旁人简单的几句宽慰就能缓解。之所以无法疏导，最核心的原因之一就是我们对于"生"与"死"缺乏另外一套说法和理解的角度。尤其是近百年来，各种宗教、民间信仰在日常生活中基本失去踪影，我们对于"生死"的看法都是被动和消极的。

当然，"死亡"作为每个人都不得不面对的生命主题，它常常也会以社会的主流价值观与丧葬仪式表现出来，折射出当下中国人对于"死亡"的理解。

如果我们稍微回顾一下，我们今天所参加的葬礼，其实形式是相对单一的，尤其是都市的殡仪馆，循例都是交给殡仪公司的"一条龙"服务，司仪说千篇一律的套话，仪式也多流于官样肤浅的赞美，唯一能彰显亲友对亡者的思念的，最后往往变成葬礼用品的价格，似乎花钱越多，越能表现出生者对死者的怀念与追忆。

参与这样的葬礼，除了再一次地在殡仪馆感受"葬礼消费主义"之外，我们很难从中得到什么其他的生命教育。最后大概只不过流于一声叹息，觉得自己还侥幸继续生存而已，对于生命的理解，也很难有更多的体会。

多年前，家中亲戚因病去世，我随同母亲赶往位处深山里的家中奔丧。走入堂屋，就随着当地习俗对棺材磕头祭拜，我本以为接下来就会进入电视里看到的那种乡间丧礼的流程，但是却看到了这一生从未体验过的丧礼。

堂屋里歌声缭绕，甚是热闹，村民手执圆盆，绕着棺材载歌载舞，一派喜乐气氛，如同庄子"鼓盆而歌"的重现。尽管西南山民性格乐观豪爽，但在丧礼之上如此歌唱舞蹈，我也是初见。在通宵的守灵过程中，负责祭祀的

"道士"不仅在一堆柴火上跳着令人眼花缭乱的舞蹈,也与亡者的家属们有各种轻松幽默的对白。次日清晨,在入殓之前,亲属们围聚棺木前,打开棺盖,勉强哭出两声之后,随即上山下葬。

这种丧礼的仪式其实是土家族的特有习俗,名为"撒尔嗬",也就是"丧歌"的意思。《隋书·地理志》中曾记载清江一代原住民的民俗:"其左人则又不同,无衰服,不复魄。始死,置尸馆舍,邻里少年,各持弓箭,绕尸而歌,以箭扣弓为节,其歌词说平生乐事,以至终卒,大抵亦犹今之挽歌。"这里的"绕尸而歌"或许就是让我印象深刻的"鼓盆而歌"仪式。生命来自自然,又复归自然,生生循环不息,有何悲苦之理?或许这些山民们从未读过老庄,但是他们一代代地通过这样的民间仪式,学会了面对死亡的超脱态度。

仪式和观念之间并不是截然分离的,一方面观念会影响到仪式,另一方面仪式反过来也会慢慢影响我们的观念。我们现在熟悉的观念和死亡仪式,都在暗示死亡是一个悲伤的过程,是一段走向深渊的不归路,因此让我们感到恐惧。所以我们认为只对死者表现出哀伤就是对他们最好的纪念,这是因为我们的生命中只有这样的观念,但是人类的宗教、文化如此丰富多彩,怎么可能只有一种解释系统?

二、中国人的死亡焦虑

　　对于传统中国人而言,死亡常常和祖先崇拜乃至宗族制度牢牢联系在一起,所以一般而言较少有个体性的"死亡焦虑"。因为个人的死亡总是和一个更大的群体联系在一起,因此个人的死亡可以通过家族来获得某种生命的延续性,个体的"死"由此转化为漫长的共同体中的"生",这也是中国传统社会如此强调祖先庇佑和香火延续的原因。这其实是和中国人应对"死亡焦虑"的信仰需求有关,把"个体"的问题转化为"群体"的问题,而集体主义的观念往往能满足这样的需求。

　　当然,在这个过程中,佛教的观念也会参与其中,比如为了顺应中国本土的孝亲思想,佛教逐渐放大了在超度亡灵方面的宗教功能,因此在一般民众的生活里,佛教更多是一种祭祀性存在,每当清明和冬至,或是盂兰盆节(也就是道教意义上的中元节),佛教寺庙就会成为中国人祭祀超度亲人的重要场所。佛教所特有的六道轮回与因果业报思想,也进一步丰富和细化了儒家对于死后世界的理解,但却并没有真正撼动和改变中国人以子孙传承来缓解死亡焦虑的基本前提。

　　可是,今天的我们所面对的"死亡逼迫性"变得越来越强烈，这当然有各种原因，比如现代社会普遍面临的文明病，环境污染、食品安全、传染性疾病乃至心理问题等等，由它们所带来的"非正常死亡"现象越发明显，这使得我们不得不更加频繁地面对各种"死亡"的议题。这当然也和互联网的信息传播特征有关，它让我们能够很容易接触到关于"死亡"的信息。我所成长的 20 世纪 80、90 年代，看到或者听到"死亡"，常常只是与家族、生活社区等熟人社会有关，这也让我们能够在较长的时间段里去消化"死亡"带来的心理冲击。

而且，今天越来越松散的家族关系，加上互联网社会带来的人际关系的碎片化，使得我们其实又被抛到一个需要独自面对"死亡"的处境，失去了某些传统的生命价值意义屏障。就如同今天年轻一代和父母辈在婚姻和生育问题上的巨大分歧，年轻人虽然可以拥有更大的生命自主权，但也会在意义危机来临时变得更加脆弱，这种脆弱性并不单单指涉经济层面，而更多指向人类根源性的生命意义维度。

在过去几十年的经济发展过程中，我们靠着财富的积累与消费的愉悦暂时地回避了"人生有尽"的问题，但这并非是一劳永逸的解答。而且这种困境其实并非是中国所单单面对的局面，而是现代社会的普遍心灵危机。如同《西藏生死书》的作者谈论他观察到的 20 世纪西方社会中所弥漫的社会氛围一样："我发现今日教育否定死亡，认为死亡就是毁灭和失掉一切。换句话说，大多数人不是否定死亡，就是恐惧死亡。连提到死亡都是一种忌讳，甚至相信一谈到死亡就会招来不幸。其他人则以天真、懵懂的心情看待死亡，认为有某种不知名的理由会让死亡解决他们的一切问题，因此死亡就无可担忧了。"这种对于"死亡"的禁忌与天真的二元心态，其实也是当下中国人的主流看法。

正是这种心态，使得我们尽量逃避相关的讨论，而且利用现代消费社会的便利性，不断地用感官欲望的满足来转移这种深层的存在焦虑，也就是所谓的"娱乐至死"。但越是想要用欲望的伸张来证明自己存在，也就是所谓的"生"，其背面无非就是对于"死"的畏惧。常常会听到有人说，当生活变得周而复始、趋于平淡的时候，就会慢慢感受不到自己的存在意义，于是就会开始"做"点特别的事情，好让自己恢复生命的"存在感"。

这样不断地进行自我平衡，其实是因为我们无法克服死亡背后所隐藏的巨大虚无感，那是隐藏在内心中的黑暗力量。我们之所以需要如此多元丰富的生活方式，从本质上而言，都可以回到克服"死亡恐惧"的角度去理解。这就好比在面对一个令人生畏的对象时，我们常常会高声叫阵，但却是色厉内荏。

　　但如果进一步地思考，"生命存在"究竟代表什么？我们一般习惯性的理解，无非就是对"我"的感知确认。可是有意思的地方在于，"存在"本身就是"存在"，并不需要另一方来背书和确认。正如前面我们所讲过的一样，人类有一种根深蒂固的错误认知，那就是将"存在"认定为某个绝对的"我"。一旦设定了这个前提，这个绝对的"我"就会面对一个逻辑的悖论，也就是"我"不应消亡，但现实恰恰相反。

　　因此，要真正解决"死亡恐惧"的问题，就需要回到恐惧发生的起点："我"在"恐惧"什么？"我"为何"恐惧"？

　　所谓"生命"的尽头，无非就是"我"的终点，而"我"究竟又是什么？兜兜转转，这又回到了佛学的根本问题："我是谁？"如果大家对于前面的内容已经比较熟悉，那么此时或许会脱口而出："我"没有实体，也无本质，不过是缘起而成的现象。那么"我"到底又会如何走向生命的终点？

　　在依靠各种条件而表现出来的生命现象当中，要从什么意义上来断定 TA 的"死亡"？就如同花开花落，云卷云舒，我们该如何确认一朵花的凋谢，一朵云的逝去？

　　我们永远找不到一朵花凋谢的具体时间，因为那完全依赖于我们如何定义"凋谢"。我们无法判断一朵云的变幻，何时算是它的终点，它本来就如梦似幻，形状莫测，来自天地间，最终也消失于其间，何时生，何时灭？

因此，如果说对于现代人而言，佛学能对"死亡焦虑"提出什么样的思路，其实是它从根源上看到"死亡"概念的荒谬，而这种荒谬来自人的巨大无明。在真实的生命图景上，我们用"我"的概念来切割出和宇宙、自然乃至其他生命的界线，从而塑造出一种独立和自足的生命自我想象，这就是"自我意识"的确立。而一旦这种"我执"形成，就一定会触碰到一个无法自洽的难题，也就是，它作为一种变化的生命现象，必定会有成、住、坏、空的一天，而这个被建构起来的"我"则会立刻抗拒这个赤裸裸的真相，但是这种抗拒显然是徒劳的，这自然会带来生命的缺憾感，也就是所谓的"死亡焦虑"。

在今天这个充斥着消费主义、社交媒体、AI 智能的社会，无论如何向前发展，只要它不去反思"自我主体"的虚假性问题，那么所有的人类文明进步，其实都不过是在作徒劳的抵抗。就如同之前媒体所报道的消息，脸书的创办人扎克伯格，在夏威夷群岛上用 2.7 亿美金打造了一座末日地堡，整体规模居然高达 8 500 亩，而且安防规格相当之高，足以抵抗核攻击。这样一种极端的"末日心理"，不就是强烈的"死亡焦虑"的表现吗？明明知道人寿有限，生死无常，但那种强烈的"自体爱"推动着我们以一种非常夸张的方式，去尽力维护"我"的永恒性。从佛教的观念看,这种强烈的"死亡焦虑",本质上不过是认知问题而已。

三、佛陀的涅槃

一般人恐惧死亡,是情理之中的事情,因此很多人大概很好奇,那位觉悟的佛陀究竟如何面对自己的生死呢?

佛陀在圆寂前,与僧团一起来到了位于摩揭陀国王舍城外的竹林精舍,为婆罗门说法。但是此时王舍城并无多余粮食供养僧团,佛陀便召集大众,让大部分弟子离开王舍城,前往越祇国和毗舍离国托钵乞食,而佛陀本人则和阿难等人留在竹林精舍,度过每年三个月集体禁足修行的夏安居。

某日,佛陀感觉全身疼痛,自知命不长久,但又想到,弟子们都不在身边,此时圆寂,并不合适。阿难见到佛陀患病,心中大为不安,自己尚未真正成就觉悟,未来该如何是好?而佛陀则教导阿难说,该说的法我都已经讲说完毕,如今我已经年满八十,垂垂老矣,我个人借助修行,免除了一切苦痛烦忧,你们这些弟子要时刻忆念佛法,不忘修持,只有这样的人,才称得上是我的弟子。

随后,佛陀面对着众多弟子公开宣称,他将于三个月后在拘尸那迦城的娑罗双树之间涅槃，勉励弟子们未来要和谐相处，精进修学。弟子们听到消息，大为震惊，捶胸顿足，哀痛不已。而佛陀则教导众弟子："汝等且止，勿怀忧悲。天地人物，无生不终，欲使有为不变易者，无有是处。我亦先说恩爱无常，合会有离，身非己有，命不久存。"（《长阿含经》）佛陀在这里给弟子们讲的仍然是人世无常的道理。

此时魔王波旬立刻现身，劝说佛陀早入涅槃。如果我们以隐喻的角度来理解，佛陀如此不厌其烦地给众生讲说觉悟之道，无非是要让大家远离欲望贪执，而那些依靠贪欲而获利之人，在这个时候当然不喜欢这样的教导，就如同诈骗犯会讨厌那些戳穿谎言的人一样。所以魔王现身，可以理解成是为了阻止佛陀继续讲法。

在接下来的三个月里，佛陀与阿难等弟子赤足前行，朝着拘尸那迦城的方向慢慢前进。一路上，佛陀不断地给随行的弟子或遇到的求法者讲说佛法。比如在波婆城，佛陀一行遇到一位工匠，名叫周那，又翻译为纯陀，他见到佛陀前来，非常恭敬，佛陀便为他讲法。周那听法之后欢喜雀跃，于是给佛陀供养旃檀树耳，也就是旃檀树上所生长的一种菌类，但或许就如同云南的见手青一般，味道虽然鲜美，但却含有毒素。佛陀或许预知到旃檀树耳的毒性，因此还特别嘱咐不要供养给其他出家人。当佛陀吃下之后，病情变得更为严重，阿难看到这样的情况，对佛陀说道，周那的供养让您病情加重，所以他将无法获得任何福德。佛陀马上便斥责阿难说，周那是用虔敬之心来供养的，无论我是否因此中毒，他都将因此得福。

佛陀之所以如此，当然是因为他的慈悲心，宁愿自己中毒，也不想破坏周那的虔诚供养心。在佛教看来，供养出家人，乃至供养佛陀，都可以获得相应的福报。如果以缘起法的角度来理解，其实就是因为出家人乃至佛陀，他们的人生目标无非就是求得觉悟，解脱生死，而那些供养者也将因此和"觉悟"产生因缘的连接。由于供养者此时的心念谦逊虔诚，因此依照"善业必将导致善果"的逻辑，供养者必将获得相应的福德，这和那种祭祀牺牲供奉神祇的观念显然有所不同。

此后，佛陀拖着病躯，终于抵达拘尸那迦城，静静躺卧在娑罗双树之间，对阿难说，你可以入城告知所有人，佛陀今晚将入涅槃，如果还有佛法方面的疑问，可速速前往请教，莫要错过。

当阿难入拘尸那迦城准备宣告佛陀最后的嘱托时，城中此时正好有五百多名百姓聚集在一起，见到阿难，连忙礼敬，并且询问为何深夜入城。阿难于是告知大家佛陀将入涅槃的消息，众人连忙赶往佛陀处请教，而佛陀便为大家讲说无常之道。

此时有一位修行人，名叫须跋陀罗，已有一百二十岁高龄。他博学多闻，但并不是佛陀的弟子。当他听说佛陀即将于娑罗树下涅槃，便想利用最后的机会去试探佛陀的智慧，请佛陀为他解疑。当他来到佛陀涅槃之处，侍者阿难因为担忧佛陀的身体情况，三次拒绝须跋陀罗的请求。但是佛陀却用他的神通力知道了须跋陀罗的到来，便让阿难引至面前，回答他的疑问。

一番问答后，须跋陀罗"心生欢喜，举身毛竖"，请求佛陀为他讲解更深的法义。直到最后，他要求佛陀为其剃度出家，而就在剃度当下，佛陀为他讲解佛法中的"四圣谛"，这位刚出家的比丘当即证得解脱，成为圣者阿罗汉。就是这位须跋陀罗，在证得阿罗汉之后，反而对佛陀说，"我今不忍见天人尊入般涅槃，我于今日，欲先世尊入般涅槃"，佛陀称许道，"善哉"。须跋陀罗当即涅槃。

这简直是一出精彩的戏剧桥段！"涅槃"的主角与配角瞬时互换位置。佛陀度化的最后一位阿罗汉，与佛陀一起，诠释出真正的"涅槃"大戏，充满着对真理的追求热情与对"死亡"真相的洞彻智慧，而没有一般殉道者的悲壮之意。

此时佛陀已经到了他生命的尽头，而阿难眼见佛陀即将涅槃，不知道未来的众生如何修学佛法，感到苦恼悲戚，涕泪俱下。佛陀告诉阿难，对于一般的求法者，要让他们去自己出生、觉悟、弘法乃至涅槃的地方礼敬，产生欢喜的心情，便可因此而生入天道。而对于那些想要解脱的修行者，则要让他们出家修道，以戒律作为僧团共处的规则。这就是所谓的"以戒为师"，也是佛陀对于僧团的最后教导。

此时佛陀在圆寂之前，伸出手臂，告知众弟子，"汝等当观如来时时出世，如优昙钵花时一现耳"，也就是佛陀能够来到娑婆世界讲法，因缘就如同昙花一现那样难得。因此佛陀圆寂之前，还不断地询问众弟子是否还有佛法上的疑问，殷殷苦心，可见一斑。

在《大般涅槃经》中，记载了佛陀对阿难和其他的比丘作出最后的嘱托与告诫后，说出他最后的法偈："诸行无常，是生灭法。生灭灭已，寂灭为乐。"

这就是"涅槃"最为深层的佛法内涵："死亡"不过是世间的一个"生灭"现象而已，所谓的"生"与"死"，不过是我们的幻觉，一切事物说到底只是缘起缘灭，并没有一个所谓崭新的"生"，也没有一个所谓老旧的"死"。一朵花什么时候"生"过？当它谢掉，又是什么时候"死"掉？明明就是现象的迁流变化，哪里有一个特别的实体生生死死呢？一旦体会到这一点，我们就会和佛陀以及那些解脱的圣者一样，体会到"寂灭为乐"，也就是"涅槃"之乐，因为一切都只是因缘变化的现象而已。

　　因此,对于佛陀而言,"死亡"并非是一件令人感觉怖畏的事情,他在临终前始终在给所遇到的弟子讲述人生无常的道理,表面看来,"无常"不过是一个极为简单的道理,为何佛陀要如此苦口婆心地来回劝导? 其实不过是因为,虽然"无常"看似简单,但我们要真正深切地体会和信服"无常",又何其难也! 就如同当我们自己或者亲人走向生命的终点时,我们要么心存留恋,要么苦闷担忧,无非就是想要维持"常"的虚假希望,哪里能够真的接受"无常"? 但是佛陀所展现出来的"涅槃",完全是一个新世界的开启,哪里是一场悲剧式的谢幕?

附录　阅读推荐

本书主要面向对佛教观念有兴趣而缺乏佛学背景的读者群体,注重通识性的启发与基本的佛学知识介绍,所以并不能算严格的佛学基础读本。为满足有进一步学习兴趣的读者,下面将列出部分个人觉得有参考价值的书籍,以供深入学习之参考。

出于各种原因,此处只推荐国内公开出版的著作,因可能存在再版情况,故不特别标明出版时间。

一、印度佛教通论

《印度佛教史》,平川彰 著,庄昆木 译,北京联合出版公司

《印度佛教史概说》,佐佐木教悟 等著,杨曾文 姚长寿 译,复旦大学出版社

《佛教的本质及其发展》，孔滋 著，胡国坚 译，贵州大学出版社

《印度佛学源流略讲》，吕澂 著，上海人民出版社

二、佛陀生平传记及思想

《佛陀小传》，卡里瑟斯 著，高山杉 译，外语教学与研究出版社

《觉悟之道：佛陀最直接的教导》，那烂陀 著，学愚 译，山东人民出版社

《佛陀和原始佛教思想》，郭良鋆 著，中国社会科学出版社

三、佛学概论

《佛学入门》，圣严法师 著，陕西师范大学出版社

《佛学概论》，关大眠 著，郑柏铭 译，译林出版社

《佛学概论》，周绍贤 著，世界图书出版公司

《佛学指南》，太虚大师 著，东方出版社

《佛法概论》，释印顺 著，中华书局

四、通俗性著作

《洞见：从科学到哲学，打开人类的认知真相》，罗伯特·赖特 著，宋伟 译，北京联合出版公司

《无常》，阿姜查 著，赖隆彦 译，深圳报业集团出版社

《僧侣与哲学家》，让-弗郎索瓦·何维勒、马修·理查德 著，赖声川 译，华东师范大学出版社

《正见》，宗萨蒋扬钦哲仁波切 著，姚仁喜 译，新星出版社

《禅者的初心》，铃木俊隆 著，梁永安 译，海南出版社

《东方的智慧》，铃木大拙 著，陈文佳 译，北京联合出版公司

《通往世界的禅》，铃木大拙 著，高海阳 译，北京联合出版公司

《云水一年：永平寺修行记》，野野村馨 著，吴继文 译，南海出版公司

后记

从 2012 年开始，我在上海大学开设了一门名为《佛教的智慧世界》的通识课程，最初的目的是想让本科生能够了解一些与佛教相关的思想与文化。但在上课的过程中，我感受到同学们对于这门课的理解有一种明显的矛盾心态。一方面，他们对于佛教其实基本缺乏了解，也对佛教史与深奥的佛学理论没有太浓厚的探究欲；但另一方面，他们似乎对这门课抱有强烈的好奇心与兴趣，试图从这门课程中寻找一些解决人生困惑的思想资源。

为了满足同学们对于这门佛学通识课程的期待，我于是考虑从新的角度来设计课程大纲。首先，因为这门课程的课时量只有短短 20 个课时，基本上没有办法用体系化的方式来讲解。其次，考虑到选课的同学们来自各个科系，多数人其实没有佛教历史与文化的知识背景。

因此我挑出十个佛学相关的主题,用一些电影片段和日常生活的经验进行串联,想用启发性的方式来介绍相关的佛学观念。出乎意料的是,这种讲授方式引起同学们的强烈兴趣,选课人数一直保持较高的水平,这也让我深受鼓舞。

2017年,我以通识课的内容作为基础,与厦门海潮音公司合作,录制了一门20讲的《有趣的佛学通识课》,获得了比较积极的正面反馈。2021年,我与上海古籍出版社的刘海滨兄联系,想要出版这门课程的讲稿。但没想到的是,出版之路颇为坎坷,一晃就是三年时光。2023年3月,机缘巧合,"看理想APP"邀请我录制了一门名为《人生解忧:佛学入门40讲》的音频课程,相关的文字内容也将会由"理想国"出版。

从内容上来说,这本《安心之道:佛学通识十讲》更侧重以问题作为切入点,进行启发式的探讨,比较适合没有佛学背景的入门读者。而《人生解忧:佛学入门四十讲》一书,内容相对系统与完整,更适合对于佛学有一定了解,并且有兴趣和耐心深入学习的朋友。

这两本书的出版,是我过去十年来从事佛学通识教育的一个总结。在这个过程当中,我深切感受到很多人的挣扎与无奈,而更让我在意的是,由于种种原因,很多人在这个时代的变化过程中产生了严重的心理问题,但同时又缺乏必要的思想资源与实践指导,造成很多令人慨叹的人生悲剧。而这本书的写作,其实也来自我的一个心愿,那就是让更多的人能够有机会接触到佛陀的智慧,用来照亮自己和他人的生命。

成庆

2024 年 9 月 26 日

于丽娃河鱼跃庵